AF247844

AMÉDÉE LEFÈVRE-PONTALIS

ANCIEN DÉPUTÉ

L'ASSEMBLÉE NATIONALE

ET M. THIERS

PREMIÈRE PARTIE

LES ESSAIS DE CONSTITUTIONS

PARIS

JULES GERVAIS, LIBRAIRE-ÉDITEUR

29, RUE DE TOURNON, 29

1879

L'ASSEMBLÉE NATIONALE

ET M. THIERS

PREMIÈRE PARTIE

LES ESSAIS DE CONSTITUTIONS

La triste situation où se débat aujourd'hui la France, les périls qui la menacent, ramènent inévitablement l'attention vers les premiers jours de l'Assemblée nationale, vers cette époque à peu près unique dans l'histoire, où le pays put attendre son salut de ses représentants librement élus, investis d'une souveraineté sans limites. Jamais, on peut le dire, députés n'eurent une plus grande puissance pour reconstituer un Etat et pour imprimer une direction à sa politique. L'Assemblée nationale ne rencontrait devant elle ni institutions, ni gouvernement, ni traditions qu'elle fût obligée de suivre ; la France était comme un terrain nu, sur lequel elle avait toute liberté de construire à sa guise. Les électeurs qui l'avaient nommée n'avaient fixé de terme ni à la durée, ni à l'étendue de ses pouvoirs ; ils ne lui avaient imposé d'autre mandat que de sauver le pays. Pour surcroît de force, elle trouvait dans son sein les éléments d'une majorité considérable : les deux tiers environ de ses membres, animés par l'amour de la patrie, par le respect de la religion, par le goût de la liberté, ennemis du despotisme impérial et du désordre républicain, étaient unis sur toutes les questions essentielles de conservation sociale. Elle avait sans doute une tâche d'ordre exceptionnel à accomplir, deux redoutables difficultés à vaincre : le traité de paix à conclure et à faire exécuter, l'insurrection imminente à prévenir ou à dompter. Mais si la Providence lui permettait de triompher de ces deux obstacles, il semblait que le surplus de son œuvre dût lui devenir facile, et qu'on pût, sans trop de présomption, lui en prédire le succès.

narchie s'est imposée à tous les esprits sincères et patriotes, c'est
bien au mois de février 1871. En voyant le vieux sol de la France,
si patiemment élaboré et formé par nos rois, se démembrer par
l'impéritie des gouvernements d'aventure qui avaient occupé leur
place, on était bien forcé de reconnaître que l'unité française avait
besoin, pour se rétablir, du même pouvoir qui l'avait fondée. De
même à l'intérieur : notre malheureuse nation avait, depuis quarante
ans, renouvelé pour la seconde fois l'épreuve de toutes les fantaisies
et de tous les systèmes, royauté élective et parlementaire, république
modérée et constitutionnelle, empire reposant sur la plus large
expression du suffrage universel. Aucun de ces gouvernements n'avait
pu tenir debout; et, il faut bien le dire, chacun d'eux était usé
avant la faute dernière ou l'accident qui avait servi d'occasion à sa
chute. La République avait fait de nouveau irruption au 4 septembre ;
mais le chaos, l'espèce de néant où nous avait précipités cette « dic-
tature de l'incapacité [1], » la guerre civile qui menaçait, l'esprit de
séparation qui s'emparait de certaines provinces, tout concourait
à prouver qu'il fallait à la France, pour la sauver, un régime fondé
non sur une popularité éphémère ou sur un choix capricieux, mais
sur la tradition permanente à laquelle elle avait dû pendant des
siècles sa force et sa grandeur.

Ce qui le prouvait plus encore, c'était le mouvement d'opinion
qui s'était manifesté dans les élections. C'est la prétention habituelle
et arrogante des républicains de ne reconnaître la voix du pays pour
bonne et valable qu'autant qu'elle se prononce en leur faveur. M. Jules
Simon n'aurait garde de manquer à cette tactique : « La majorité de
l'Assemblée, dit-il au 17 février 1871, commençait sa lutte contre
la majorité du pays [2]. » Rien n'est plus faux et plus puéril, à
cette date surtout, que de tenter une pareille distinction entre deux
majorités, distinction dont M. Thiers a tant abusé, et qui serait la
négation même de tout régime représentatif. Le pays venait de se
montrer, aussi clairement que possible, dégoûté de la République.
Malgré les excès de la candidature officielle la plus éhontée, qui avait
trouvé le moyen invraisemblable de dépasser tout ce que l'Empire
nous avait fait voir en ce genre, à tel point que les préfets de la
République s'étaient présentés comme candidats dans leurs propres
départements, le parti républicain avait subi dans les élections une
humiliante défaite. Sur 676 députés [3], qui formaient au début l'As-

---

[1] Parole de M. Lanfrey.

[2] T. I, p. 69.

[3] Par suite des vacances produites par les élections multiples dont certains
noms avaient été l'objet, le premier annuaire de l'Assemblée, publié à Bordeaux, ne porte que 676 députés.

semblée de Bordeaux, « on ne comptait guère, M. Jules Simon l'avoue, que 250 républicains, c'était un échec [1] ». Encore fallait-il, pour trouver ce nombre, parcourir toute la gamme de l'opinion républicaine, depuis M. Dufaure jusqu'à Millière, depuis M. Victor Lefranc jusqu'à Razoua ; et il était difficile, à cette époque, de prévoir que cette gamme aboutirait un jour à un accord parfait. 250 républicains, 425 députés environ qui, avec des nuances diverses, préféraient la monarchie à la République, tel était en gros le premier partage d'opinion qui pouvait se faire dans l'assemblée.

Cette majorité était-elle aussi divisée qu'il a plu à M. Thiers de le répéter à satiété, à la tribune et dans le public ? On se rappelle de quel ton il aimait à dire que « la droite était divisée, profondément divisée »..., ou « qu'il passait son temps à empêcher les partis de se jeter les uns sur les autres »..., ou encore « que les révolutions avaient laissé dans notre pays plus de princes qu'on n'en pouvait mettre sur le trône ». Son apologiste redit après lui que le parti monarchique était séparé en trois camps ennemis et rivaux, qu'aucun groupe n'avait la majorité [2] ; et il fait à ce sujet un classement absolument fantaisiste, qui prouve à quel point on se connaissait peu d'un côté à l'autre de l'Assemblée. Il est indispensable, pour l'intelligence de notre étude, de rétablir tout d'abord la vérité sur ce point.

D'après M. Jules Simon, l'Assemblée nationale, au moment de sa réunion, comptait déjà une trentaine de bonapartistes [3], qui auraient formé plus tard le noyau du groupe beaucoup plus considérable de l'Appel au peuple. Pour juger à quel point il se trompe, il suffit de dire que, parmi les cinq principaux chefs du groupe bonapartiste en 1871, il cite M. Daru, qui n'en a jamais fait partie ; le surplus de son assertion est aussi exact. La vérité est que l'Assemblée comptait un certain nombre d'anciens ministres ou serviteurs de l'Empire qui, le cas échéant, ne se seraient pas refusés à le reconnaître de nouveau, mais qui, en février 1871, ne songeaient ni à le rétablir, ni à faire obstacle à la restauration d'un autre régime. Dans la mémorable séance du 1er mars où l'Assemblée, prononçant la déchéance de l'Empire, déclara « Napoléon III responsable de la ruine, de l'invasion et du démembrement de la France », cinq ou six membres seulement se levèrent contre cet écrasant décret [4]. On peut donc affirmer que les bonapartistes déterminés étaient réduits à ce

[1] T. I, p. 55.
[2] T. I, p. 57.
[3] *Id.* p. 54.
[4] *Journal officiel.* Séance du 1er mars 1871 : « M. Cochery. Je constate que cinq membres seulement se sont levés à la contre-épreuve. — M. Daniel

nombre insignifiant. Plus tard, il est vrai, soit par suite des élections partielles, soit par l'effet de l'inaction prolongée des royalistes, ils reformèrent un groupe de quelque importance ; et ce n'est pas un des moindres maux que M. Thiers ait causés, en faisant durer indéfiniment un état de choses provisoire, que d'avoir laissé à leur parti le temps de ressusciter. Mais au moment qui nous occupe, accablés sous le poids de leur désastre, ils passaient inaperçus, au moins numériquement, dans l'Assemblée, et ne pouvaient affecter le chiffre de la majorité.

Est-il vrai qu'il y eût à cette époque, dans l'Assemblée nationale, un parti orléaniste, nous entendons par là un parti qui considérât Mgr le comte de Paris comme le successeur de Louis-Philippe, et qui eût la prétention de relever l'établissement de 1830 ? Non seulement un tel parti n'existait point ; mais s'il eût voulu se former, les princes lui auraient fait défaut. Dès les premiers jours de la réunion de l'Assemblée à Bordeaux, Mgr le comte de Paris s'était empressé d'écrire loyalement à l'un de ses principaux amis, dans une lettre rendue publique, « qu'il n'avait aucune pensée d'ambition personnelle ; que les questions de personnes ne pouvaient être l'objet d'aucune condition ; que l'idée de stipuler une abdication de M. le comte de Chambord était inadmissible, et qu'on devait la repousser absolument. » Quelques jours plus tard, le 11 mars, les deux princes élus députés, Mgr le prince de Joinville et Mgr le duc d'Aumale faisaient déclarer en leur nom à quatorze députés de la droite réunis à cet effet : qu'ils n'accepteraient aucune candidature à la présidence de la République, et qu'ils engageaient tous leurs amis à se rallier à la monarchie héréditaire. On pouvait dès lors considérer la *fusion* comme faite ; et s'il est permis d'exprimer respectueusement le regret qu'elle n'ait pas été consacrée aussitôt par une démarche plus formelle, on doit reconnaître du moins que la branche d'Orléans ne mettait en avant aucun prétendant qui pût rompre l'unité de la maison de France.

Assurément l'union n'était pas encore cimentée entre les différentes fractions du groupe monarchique, et des divergences pouvaient se manifester (la suite des temps l'a trop prouvé), sur les conditions d'une restauration. Mais ces divergences n'étaient ni si graves ni si profondes que l'esprit de parti l'a prétendu depuis lors. Il plaît à M. Jules Simon de représenter les *orléanistes*, le *centre droit*, comme les seuls partisans d'une monarchie libre et constitutionnelle et comme le groupe le plus nombreux de l'Assemblée.

WILSON. Il y en a six, pas un de plus ; je demande que cela soit constaté au *Moniteur*. »

Quant aux légitimistes, tantôt il pousse l'ignorance des faits ou la passion jusqu'à dire : « Ils n'étaient que quatre-vingts [1]; » tantôt, parlant de leurs doctrines, il ose dire : « Il fut évident, au bout de « quelques séances, *que ces représentants de l'ancien régime* « *n'étaient plus au courant de rien*, et qu'il n'y avait parmi eux « aucun de ces hommes supérieurs qui donnent de l'éclat à leur « parti, qui se font redouter par les autres, et arrivent quelquefois « à force d'habileté politique ou de talent oratoire, à déplacer une « majorité [2]. » On peut tenir un tel langage, avec quelque chance de succès, dans une réunion populaire à la veille d'une élection : il n'est pas sérieux de parler ainsi, quand on a la prétention d'écrire un livre d'histoire.

Ce parti que M. Jules Simon « croyait mort », et qui, suivant lui, « n'était plus au courant de rien », comptait des vétérans du régime parlementaire, de persévérants défenseurs de toutes les libertés nationales, comme M. de Larcy, M. Raudot, M. de Kerdrel, M. Benoist d'Azy, M. Ancel, M. de Dampierre, M. de Rességuier, M. Fresneau, M. de la Monneraye, M. de Durfort de Civrac, M. Keller; un prélat qui a été l'une des éclatantes lumières de notre siècle, l'évêque d'Orléans; un groupe de jurisconsultes, de simples avocats qui avaient puisé, non dans le sang de familles illustres, mais dans le culte du droit et dans les traditions de la bourgeoisie française leurs convictions réfléchies, et dont la parole pouvait se mesurer sans désavantage avec les talents les plus renommés; à côté d'eux, des orateurs politiques, formés dès leur jeunesse au goût et à l'étude de la chose publique, et dont quelques-uns s'élevaient à une véritable éloquence; d'autres qui, pour aborder moins volontiers la tribune, ne s'en faisaient pas moins remarquer dans les commissions par la connaissance approfondie des questions qui intéressent ou agitent notre temps. Qu'il nous suffise de citer ici M. Lucien Brun, M. Ernoul, M. Depeyre, M. Baragnon, M. Chesnelong, M. de la Bouillerie, M. de Meaux, M. de Ventavon, M. de Castellane, M. de Belcastel, M. Ferdinand Boyer, M. de la Bassetière; et nous demandons pardon à tant d'autres et de si distingués parmi nos anciens collègues de nous borner à ces exemples. Quand il a fallu prouver qu'un galant homme maniait la parole aussi vaillamment que l'épée, M. de Carayon-Latour, croyons-nous, n'a pas fait médiocre figure à la tribune (M. Challemel-Lacour en a gardé les marques.) M. de Gontaut-Biron, M. de La Rochefoucauld-Bisaccia nous paraissent avoir représenté assez dignement la France, l'un dans les cir-

---

[1] T. II, p. 311.
[2] T. I, p. 56.

constances les plus difficiles, à Berlin, l'autre dans une ambassade malheureusement trop courte à Londres. Tous ces hommes de mérite et d'honneur, et ceux qui siégeaient à côté d'eux, riraient franchement si on voulait leur prouver qu'ils sont, à un degré quelconque, *partisans de l'ancien régime*. Qu'on relise les discours de M. Ernoul sur les conseils généraux, de M. Lucien Brun sur la responsabilité ministérielle, et toutes les propositions émanées de leurs amis politiques, on pourra se convaincre que sur le régime représentatif, la liberté de conscience, la liberté d'enseignement, la liberté de la presse, l'administration des départements et des communes, la droite rivalisait de lumières et d'esprit libéral avec le centre droit, et dépassait certainement de bien loin le centre gauche et les jacobins de la gauche.

Quant au nombre, la droite formait la majorité dans la majorité. Sur les 420 députés qui n'étaient ni républicains ni bonapartistes, on en comptait 200 à 220 qui adhéraient soit d'ancienne date, soit par raison et conversion récente, à l'opinion légitimiste. C'est à ce chiffre que s'élevaient à Versailles les membres inscrits à la réunion royaliste dite des Réservoirs. Il faut ranger parmi eux d'anciens serviteurs de la monarchie de juillet, fermement ralliés à la légitimité comme M. Moulin, de si honorable et regrettée mémoire, et même M. le duc d'Audiffret-Pasquier qui depuis s'est engagé dans voies si différentes, mais qui alors, élu président de la *réunion des Réservoirs*, ranimait le zèle des anciens royalistes eux-mêmes par les accents du cœur qu'il savait trouver, et par la chaleur communicative de son langage, quand il parlait de son dévouement à la monarchie.

A côté de la droite, le centre droit pouvait s'enorgueillir d'hommes éminents comme orateurs et comme politiques, dont les noms sont dans toutes les mémoires, tels que M. le duc de Broglie, M. Buffet, M. Bocher, M. Batbie, M. Vitet, M. le duc Decazes, M. Saint-Marc Girardin. Mais la droite avait sur le centre droit un avantage, elle savait clairement ce qu'elle voulait, elle pouvait offrir à la France un principe et un prince. D'ailleurs ces deux groupes, pour être attachés plus particulièrement, l'un aux traditions de la Restauration, l'autre aux souvenirs de la monarchie de Juillet, désiraient, l'un comme l'autre, rendre à la France la royauté entourée d'institutions libres, qui était pour eux le type idéal du gouvernement. La France, en leur rendant sa confiance à l'exclusion des bonapartistes et des républicains, leur ordonnait en quelque sorte de se mettre d'accord, et leur demandait son salut.

On peut assurer hardiment que si M. Thiers, obéissant à la voix du pays exprimée par « l'Assemblée la plus librement élue qui fût jamais », avait voulu se mettre à la tête d'une pareille force, employer à en affermir l'union, la moindre part des efforts qu'il fit pour la diviser et la dissoudre, il était maître, avec l'immense autorité dont il jouissait alors, de sceller l'alliance entre la monarchie héréditaire et la volonté nationale, et de nous rendre un gouvernement qui nous eût garantis contre toutes les inquiétudes et toutes les menaces de l'avenir. C'est alors qu'il eût été véritablement digne d'être proclamé le sauveur et le libérateur de la patrie.

Au lieu de se consacrer à ce noble rôle, qui lui aurait assuré le premier rang dans l'histoire de notre époque, M. Thiers eut l'ambition vulgaire d'occuper, pendant le peu d'années qu'il avait encore à vivre, le premier rang dans l'Etat. La monarchie, même restaurée par ses soins, n'aurait pu lui offrir que le second, c'était au dessous de son orgueil. Il se décida pour la République.

Mais faire accepter la République par une Assemblée souveraine dont les convictions étaient monarchiques, là était la difficulté. C'est à cette œuvre que M. Thiers employa ce génie d'intrigue qu'on peut appeler sa seconde nature, et qui gâtait en lui tant de parties maîtresses, tant de facultés supérieures de l'homme d'Etat.

Pour y réussir, il n'eut garde de proposer franchement une solution qui eût été infailliblement repoussée ; il aima mieux arriver à ses fins par les chemins de traverse et par les voies tortueuses. Il n'était pas non plus de tempérament à employer la violence ; mais comme l'a dit avec justesse un orateur de la droite [1], « tous les coups d'Etat ne sont pas des coups de la force ; il y a aussi les coups d'Etat de la ruse », c'est à ceux-là qu'il excellait. Faire glisser l'Assemblée peu à peu et sans qu'elle s'en doutât, dans un régime qu'elle aurait réprouvé si on le lui eût montré de face ; lui suggérer des résolutions qui devaient tout d'abord ne l'engager en rien, et dont on se réservait de lui opposer plus tard toutes les conséquences ; profiter d'un moment d'inquiétude publique pour lui donner à choisir entre la concession qu'on lui demandait et le renversement du pouvoir dont on effrayait son patriotisme ; traîner les questions en longueur, de façon à se laisser le temps d'énerver la majorité, et de l'affaiblir en détachant une partie de ses membres ; exercer sur elle, soit par les journaux, soit par les élections partielles habilement dirigées dans le sens républicain, une pression assez forte pour jeter le trouble et l'hésitation dans quelques esprits, tels furent les principaux moyens auxquels il eut recours, et dont nous voudrions retracer le souvenir en quelques pages.

---

[1] M. de Belcastel, séance du 10 mars 1873.

Cette tactique commença dès le premier jour des délibérations de l'Assemblée.

Les membres de la droite arrivaient, les uns des corps d'armée où ils s'étaient noblement conduits, comme M. de Carayon-Latour, M. de Cazenove de Pradines, M. de Quinsonas, M. Blin de Bourdon, M. de La Roche-Thulon et tant d'autres ; ceux-ci venaient de leurs provinces la plupart envahies par l'ennemi, tout émus des spectacles dont ils venaient d'être témoins, le cœur saignant des douleurs de la patrie, et ne pouvant croire qu'on eût, en un pareil moment, d'autre pensée que d'y porter remède. « Les légitimistes sont des cœurs d'or, » disait M. Thiers, moitié railleur, moitié sérieux. Il n'en était pas de même des républicains : ils ne perdaient pas de vue l'intérêt de leur parti, et n'avaient d'autre souci que de le satisfaire. Dès le 16 février, à peine l'Assemblée était-elle constituée par la validation de la moitié de ses membres, une proposition en apparence inoffensive fut déposée sur le bureau. Elle portait ces simples mots : « M. Thiers est nommé chef du pouvoir exécutif de la République française. » Elle était signée de MM. Dufaure, Grévy, Léon de Maleville, Rivet, Barthélemy Saint-Hilaire, Vitet et Mathieu de la Redorte. A l'exception des deux derniers qui n'étaient pas dans le complot, les autres avaient eu, sans nul doute, l'intention d'enlever par surprise, à une Assemblée inexpérimentée et distraite, la reconnaissance de la République, à la faveur d'une motion dont tous les conservateurs acceptaient avec empressement la disposition principale. Cependant, à la simple audition du texte qu'on demandait à expédier séance tenante, quelques députés comprirent où l'on tendait. Une réunion nombreuse de la droite et du centre droit s'assembla le soir même dans les bureaux du journal *la Province*. On fut unanime à reconnaître que le moment n'était pas venu d'aborder les questions politiques, que le gouvernement devait conserver un caractère anonyme tant que les préliminaires de paix avec les Prussiens n'étaient pas arrêtés. Une rédaction improvisée par le duc Decazes [1], qui faisait disparaître les mots « République française », rencontra l'assentiment général. Trois délégués furent envoyés auprès de M. Thiers pour la lui communiquer ; on avait la candeur de croire qu'il l'accepterait sans difficulté.

[1] Voici cette rédaction : « L'Assemblée nationale décrète : Article premier. En attendant qu'il ait été statué sur les institutions définitives de la France et sur la forme de son gouvernement, l'Assemblée est seule dépositaire de la souveraineté nationale. — Art. 2. L'Assemblée délègue provisoirement le pouvoir exécutif à un président du Conseil qui exercera ses fonctions sous le contrôle de l'Assemblée et avec le concours des ministres qu'il aura choisis. — Art. 3. Ces fonctions sont confiées à M. Thiers qui prendra le titre de chef du pouvoir exécutif. »

L'accueil de M. Thiers fut très-différent de ce qu'on supposait[1]. Il se garda bien toutefois de rompre en visière à ses interlocuteurs : « Ce n'était pas lui, dit-il, qui avait rédigé la proposition. Peut-être en effet aurait-on mieux fait de ne pas y introduire le nom de la République; mais puisqu'on l'avait écrit, il était maintenant bien difficile de le faire disparaître. Toute discussion sur ce sujet, portée devant l'Assemblée, demanderait au moins un jour ou deux ; or le temps était précieux. Pour accorder une prolongation d'armistice de cinq jours, les Prussiens menaçaient d'exiger la cession de Belfort. Une journée perdue pourrait motiver leur entrée dans Paris, Dieu sait au prix de quels malheurs ! Enfin c'était à l'Assemblée qu'appartenait sur ce point le dernier mot; il n'avait, quant à lui, que le droit de conseil; mais il s'adressait à la sagesse, au patriotisme de la droite pour ne pas soulever de discussions inopportunes ; elle pouvait être assurée d'ailleurs que ce mot ne l'engagerait en rien, que la question de gouvernement restait entièrement réservée... » On ne fait jamais inutilement appel au patriotisme de la droite. Le lendemain, on se contenta de soutenir une discussion assez vive dans le demi-jour des bureaux; mais aucun débat ne fut porté à la tribune, si ce n'est par M. Louis Blanc, qui voulait faire proclamer sur-le-champ la République comme gouvernement définitif de la France. La Commission avait transigé ; elle acceptait le décret, à la condition qu'on le fît précéder d'un préambule ainsi conçu : « Considérant qu'il importe, *en attendant qu'il soit statué sur le gouvernement de la France*, de pourvoir immédiatement aux nécessités du gouvernement et à la conduite des négociations... » et M. Victor Lefranc fut chargé comme rapporteur de développer ce texte, qui fut adopté par l'Assemblée.

Le décret du 17 février 1871, le premier qu'ait rendu l'Assemblée nationale, fut comme son péché originel, d'où ont découlé toutes ses autres fautes. Il arriva ce qu'on devait prévoir : le considérant fut promptement oublié, mais la République resta ; et dans un pays où « les mots, comme on l'a dit, font des ravages affreux, » celui-là devait produire un incalculable effet, non-seulement sur le suffrage universel, mais sur l'Assemblée elle-même. Le nom de la République continua à figurer sur le *Journal officiel*, sur la monnaie, en tête des lois et des jugements; l'usurpation violente qu'une douzaine d'émeutiers avait commise le 4 septembre en infligeant ce titre de gouvernement à la France, était ratifiée par une Assemblée monarchique; et, quand le tour fut joué, M. Thiers put impunément,

---

[1] Nous avons assisté nous-même à cet entretien, et nous pouvons en garantir l'authenticité.

quelques jours plus tard, tenir ce langage : « Sous quelle forme
se fera la réorganisation du pays? Sous la forme de la République.
Il y a ici beaucoup d'hommes très-respectables qui ont accepté ce
mot dans un but d'union. Vous m'avez appelé président du Conseil, chef du pouvoir exécutif de la République française ; dans tous
les actes du gouvernement, le mot de République française se trouve
sans cesse répété. Cette réorganisation, si nous y réussissons, elle
se fera sous la forme de la République et à son profit [1]. »

Nous pourrions citer tel député très-habitué aux manières de dire
de M. Thiers qui, après avoir entendu sa conversation du 16 février,
dans son salon de l'hôtel de France, et·les prétextes dont il se cou-
vrait pour faire maintenir ces deux mots : *République française*, fut
convaincu pour toujours que M. Thiers s'était livré corps et âme à
la République, et ne s'en dédirait plus. A qui ne l'apercevait pas
tout d'abord, le choix de ses ministres aurait dû ouvrir les yeux.
C'était lui déjà qui avait désigné M. Grévy aux suffrages de ses
collègues pour la présidence de l'Assemblée [2], et mis ainsi entre les
mains d'un personnage assurément très-honorable, mais ardem-
ment républicain, la plus haute dignité et la plus grande puissance
de l'Etat. Les noms des ministres avaient un sens non moins clair.
Si l'on voulait réellement, comme M. Thiers affectait de le dire,
ajourner toutes les divergences, et convier indistinctement tous
les partis à la réorganisation du pays, il aurait été naturel de
chercher des collaborateurs dans les différentes régions de l'Assemblée, d'en demander trois à la droite, trois au centre, trois à la
gauche. Si on jugeait avec raison un tel partage chimérique, le seul
procédé parlementaire était de prendre tous les ministres, au moins
les ministres politiques, dans la majorité. Loin de là, les trois principaux portefeuilles furent donnés à des républicains accentués. Le
choix de M. Jules Favre pour les affaires étrangères était de nature à
soulever toutes les consciences honnêtes. M. Ernest Picard, jadis libéral dans l'opposition, mais devenu au pouvoir un démocrate auto-
ritaire, fut appelé à l'Intérieur, et chargé à ce titre de nommer tout
le personnel administratif, avec M. Calmon pour auxiliaire. M. Jules
Simon, d'autant plus dangereux qu'il était plus insinuant et plus
aimable, reçut la grave mission de présider à l'instruction publique
et aux·cultes. Il raconte lui-même (ce qu'on aurait peine à croire, s'il
ne l'affirmait), qu'il avait refusé avec persistance d'entrer dans le
ministère ; M. Thiers ne put triompher de sa résistance qu'en lui
disant ces paroles significatives : « Si vous refusez, je serai obligé

---

[1] Discours du 10 mars 1871.
[2] Jules Simon, t. I, p. 65.

de prendre un ministre de l'instruction publique dans la droite [1]. »
Paroles significatives en effet ; ce seul mot est toute une révélation.

Deux autres républicains de réputation plus modérée, M. Dufaure,
l'amiral Pothuau, étaient chargés l'un de la justice, l'autre de la
marine. Le général Leflô, M. Pouyer-Quertier, M. Lambrecht, ne
représentaient certainement dans le cabinet aucun groupe politique.
L'unique ministre accordé à la droite, qui formait à elle seule le
tiers de l'Assemblée, était M. de Larcy. « Il était choisi, dit M. Jules
Favre, comme une sorte d'otage légitimiste [2], » et si, par la droiture
du caractère, par l'expérience consommée de la vie publique, par
la haute situation occupée dans le monde royaliste, il était son porte-
drapeau le plus naturel, il faut convenir qu'en lui donnant le por-
tefeuille des travaux publics dans un moment où les ressources de
l'Etat ne permettaient aucune entreprise, on annulait singulière-
ment son influence.

Ce premier ministère se forma sur un programme devenu célèbre
sous le nom plus ou moins juste de *pacte de Bordeaux ;* nous disons
plus ou moins juste, car en réalité M. Thiers, ayant parlé seul,
n'avait contracté qu'avec lui-même, et restait maître d'interpréter
à son gré ses paroles. Ce que l'Assemblée comprit, c'est qu'avant
d'aborder les questions constitutionnelles, elle était conviée à paci-
fier et à réorganiser le pays sous un gouvernement qui tiendrait la
balance exactement égale entre tous les partis et tous les systèmes.
Politique sage et féconde à une condition, c'est qu'elle serait limitée
au temps strictement nécessaire pour signer la paix, rapatrier nos
prisonniers, reconstituer notre armée, et faire rentrer au Trésor
quelques ressources indispensables, ce qui devait être l'affaire de
quelques semaines, de quelques mois au plus. Politique insensée au
contraire, si elle devait se prolonger indéfiniment, car les besoins
urgents du pays ne comportaient pas seulement quelques mesures
administratives, mais la réforme de toute la législation. Les conseils
généraux, les conseils municipaux avaient été dissous par l'arbi-
traire du 4 septembre ; le conseil d'Etat n'existait plus ; la presse ne
pouvait rester soumise au régime de l'Empire ; toutes ces questions, les
questions organiques surtout, étaient subordonnées à cette question
principale : ferait-on des lois pour une République ou pour une monarchie ? Faute de la trancher, l'Assemblée risquait de se déconsi-
dérer, en ne pouvant donner à tous ces graves sujets qu'un règlement provisoire ; elle risquait surtout de laisser l'opinion publique
sans direction, et d'entretenir dans le pays l'agitation et l'inquiétude

---

[1] Jules Simon, t. II, p. 235.
[2] Jules Favre, *Gouvernement de la défense nationale,* IIIe partie, p. 58.

en tenant en suspens la résolution qui préoccupait le plus tous les esprits.

Dans le premier exposé de son plan, M. Thiers avait formellement annoncé que ce régime d'attente serait de courte durée : « Quand cette œuvre de réparation sera terminée, avait-il dit, *et elle ne saurait être bien longue*, le temps de peser les théories de gouvernement sera venu, et ce ne sera plus un temps dérobé au salut du pays... Sachons donc renvoyer *à un terme qui ne saurait être bien éloigné* les divergences de principes qui nous ont divisés, qui nous diviseront peut-être encore : mais n'y revenons que lorsque ces divergences, résultat, je le sais, de convictions sincères, ne seront plus un attentat contre l'existence et le salut du pays [1].

Quelques semaines après, sa pensée intime, qu'il avait à peine osé indiquer dans un mot obscur de ce premier discours [2], se dégageait d'une façon bien autrement précise et compromettante. L'Assemblée, à ses yeux, était toujours souveraine ; elle avait toujours le droit de constituer, mais il serait sage à elle de ne pas user de ce droit ; et pour mieux l'engager, il prétendait qu'elle y avait renoncé elle-même : « Vous êtes la souveraineté nationale, disait-il, et le pays, en vous nommant, n'a songé à vous imposer aucune limite. Et cependant spontanément, par un acte de sagesse qui vous honore et qui me remplit d'espérance, car le salut de la France ne peut résulter que de votre sagesse..., spontanément, par un acte que j'admire, que j'honore, dont je vous remercie, vous vous êtes dit : Nous ne serons pas constituants ? [3] »

A ces mots, les protestations éclatèrent de toutes parts. Jamais nous ne vîmes pareil effet d'un auditoire sur l'orateur, on arrêta positivement la fin de la phrase sur ses lèvres. Mais, en la tournant autrement, il continua ainsi :

« Veuillez, Messieurs, me laisser achever ma pensée, et vous verrez, j'ose le dire, à quel point elle est profondément vraie. Je ne veux pas dire que vous ayez renoncé positivement à tout ce qui serait nécessaire au salut du pays. Non : votre pouvoir est tout entier ; vous n'avez renoncé, vous n'avez le droit de renoncer à aucune partie de ce pouvoir ; je dis seulement que vous le réservez.. Vous le réservez, conservant toute l'étendue de votre souveraineté.

---

[1] Discours du 19 février 1871.

[2] La phrase est celle-ci : « Quand nous aurons relevé du sol où il gît le noble blessé qu'on appelle la France... *nous le rendrons à lui-même*, et rétabli alors, ayant recouvré la liberté de ses esprits, *il verra comment il veut vivre.* » (Discours du 19 février). N'était-ce pas laisser entrevoir déjà que dans sa pensée, l'Assemblée remettrait ses pouvoirs au pays avant d'avoir constitué ?

[3] Discours du 10 mars 1871.

Vous vous êtes dit que vous ne feriez que ce qui est urgent, qu'au lieu de constituer, vous vous borneriez à réorganiser ».

Quand on rapproche de ce discours le langage qu'il tint, deux ans plus tard, au sein de la Commission des Trente, et dont on trouvera plus loin l'analyse, les efforts qu'il fit, d'abord au moment de la loi Rivet, puis lors de la loi du 13 mars 1873 pour se faire accorder ce minimum d'organisation qu'il souhaitait, on voit que son plan était dès ce moment arrêté dans son esprit, et qu'il ne varia pas. Placé en face d'une Assemblée monarchique, il ne voulait essayer, tant il était sûr d'un échec, de lui faire ni proclamer, ni constituer sérieusement la République. D'ailleurs il n'y tenait guère ; et une constitution complète, comme celle de 1848, l'aurait gêné en bien des points. Obtenir assez de république pour barrer le chemin à la monarchie et aux princes, faire durer le provisoire, sous le titre républicain, autant que l'Assemblée actuelle, faire prolonger son propre pouvoir au-delà de celui de l'Assemblée, telle était la visée de son ambition. Tous les intérêts du pays pourraient en être lésés ; mais il n'en croyait rien, s'il restait le maître. Ainsi entendu, comme ajournant à un temps inconnu toute constitution définitive, le pacte de Bordeaux a été une véritable boîte de Pandore, qui, en laissant à chaque parti l'espérance, a répandu sur la France la plupart des maux dont elle souffre encore aujourd'hui.

L'Assemblée aurait dû répondre par un acte à ce discours. Mais M. Thiers avait eu l'habileté de le prononcer la veille du jour où elle devait quitter Bordeaux pour se rendre à Versailles. Dans l'intervalle, l'insurrection de la Commune éclata. Dès que l'Assemblée put reprendre la parole, le 21 mars, dans sa proclamation au peuple et à l'armée, elle fit entendre cette phrase, que M. Vitet n'y inséra certainement pas sans intention : « Nous vous conserverons intact le dépôt que vous nous avez commis pour sauver, organiser, constituer le pays ». Ce qu'on ignore généralement, c'est que dans la Commission, M. Thiers demanda la suppression du mot *constituer* [1]. Ce simple incident n'éclaire-t-il pas d'une lumière nouvelle le discours qu'il avait prononcé à Bordeaux ?

Ce qui avait rassuré l'Assemblée, c'étaient les paroles solennelles par lesquelles il s'était lié dans ce même discours : « Non ! je le jure devant le pays, et si j'osais me croire assez important pour parler de l'histoire, je dirais que je jure devant l'histoire de ne tromper aucun

---

[1] Procès-verbaux de la Commission nommée au sujet des mesures à proposer en raison des évènements de Paris (dite *Commission des quinze*), séance du 24 mars : « M. Thiers, tout en approuvant entièrement les termes de la proclamation, estime qu'il serait peut-être prudent d'écarter les mots : *constituer le pays* ».

de vous, *de ne préparer sous le rapport des questions constitutionnelles, aucune solution à votre insu*, et qui serait de notre part, de
ma part, une sorte de trahison... Je dirai donc : Monarchistes, républicains! non, ni les uns, ni les autres, vous ne serez trompés... Je
vous en donne la parole d'un honnête homme, aucune des questions
qui aura été réservée n'aura été résolue, *aucune solution n'aura été
altérée* par une infidélité de notre part [1]. »

On sait quel compte il tint de ces promesses. Moins de deux mois
plus tard, dans ses entretiens secrets, soit avec les intermédiaires
officieux de la Commune de Paris, soit avec les délégués des villes,
il prenait, à l'insu de l'Assemblée, à l'insu même d'une partie de ses
ministres, l'engagement de *maintenir la République*. Cet engagement il l'a nié longtemps, et on se rappelle avec quel emportement
il accueillit la question que M. Mortimer-Ternaux lui adressait à ce
sujet [2]. Il a fini par l'avouer plus tard dans des termes qui ne laissent
aucune place au doute [3]. Entre ces deux paroles, celle qu'il avait
donnée à l'Assemblée, celle qu'il avait donnée aux émeutiers, l'histoire peut dire laquelle il a choisie pour s'y attacher avec une sorte
de prédilection.

L'Assemblée avait dû s'imposer une patience, bien rare dans les
grandes réunions d'hommes, tant que la paix n'était pas signée avec
les Prussiens, tant que la Commune n'était pas réduite. Elle poussa
cette vertu jusqu'à se laisser un jour outrager par M. Thiers sans le
rappeler à son devoir [4]. Renverser son chef en présence de l'insurrection armée lui aurait paru un crime. Sa prudence ne désarmait
pas les coupables; mais la moindre témérité de sa part pouvait
engager sa responsabilité, elle ne s'en permit point. C'est alors que
le pacte de Bordeaux, que la trève des partis, avaient vraiment leur
raison d'être. Mais une fois la paix conclue (18 mai), une fois la
Commune écrasée (24 mai), quelle considération pouvait la faire
hésiter encore? Dans l'épouvante dont la France était saisie à la vue
de l'incendie de Paris, les républicains honnêtes demandaient eux-
mêmes à la majorité de mettre un terme à l'anarchie, fût-ce en pro-

---

[1] Discours du 10 mars.

[2] Séance du 11 mai 1871.

[3] Séance du 29 novembre 1872 : « Non-seulement une partie des habitants
de Paris, mais tous les personnages qui, dans les grandes villes, détenaient
l'autorité en ce moment, sont venus à Paris; ils ont engagé avec moi des
négociations, des négociations que vous avez connues.... J'ai répondu : En
tout cas, moi qui vous parle, je tiendrai ma parole, je maintiendrai la République..... Je suis obligé de tout vous dire : vous n'êtes pas engagés, moi
je le suis! » — Voir aussi son discours du 8 juin 1871, où M. Thiers avait
ébauché les mêmes aveux, mais incomplétement.

[4] Séance du 11 mai.

clamant la monarchie. C'était en effet le vrai, peut-être l'unique moment de faire succéder, avec l'approbation du pays tout entier, les bienfaits de la royauté aux horreurs de la République. D'où est venu l'obstacle? De M. Thiers.

Il n'avait pas perdu son temps pendant sa lutte contre la Commune. Avec cette infatigable activité qui ne s'endormait jamais, il avait détaché une quarantaine de membres du centre droit pour en former, par leur adjonction avec les républicains les plus modérés, la réunion Féray, ou centre-gauche, qui se donnait pour programme d'organiser le pays sous la forme de la République. Il était arrivé ainsi, sinon à couper l'Assemblée en deux parties égales, ce qu'il fit plus tard, au moins à diminuer sensiblement les forces de la droite, et à faire dépendre la majorité d'un escadron volant, un peu indécis, qui pouvait se porter tantôt d'un côté, tantôt de l'autre, et rendait difficile toute résolution un peu énergique.

Tous les éléments parurent bons pour former ce nouveau groupe : on y voyait figurer quelques anciens fonctionnaires ou magistrats de l'Empire, non des moins zélés ni des moins ardents ; on y voyait même quelques personnages, comme M. Casimir Périer, qui avaient porté naguère leurs protestations de dévouement et de fidélité aux pieds de M. le comte de Chambord. Mais le gros du parti se composait d'hommes à qui la forme du gouvernement était assez indifférente, qui auraient accepté la monarchie s'ils l'avaient trouvée établie, mais que M. Thiers entraîna facilement à la République en leur assurant qu'il en resterait le président conservateur, et en laissant entrevoir à un bon nombre d'entre eux qu'ils en seraient les ministres.

« M. Thiers, dit M. Jules Simon, était non-seulement le chef de ce parti, il était ce parti lui-même [1] ; » rôle assez peu avouable pour un homme qui venait de « jurer devant le pays et devant l'histoire de ne trahir aucun parti, de ne préparer aucune solution qui désolerait les autres partis », et qui devait dès lors à son honneur de ne pas descendre dans l'arène.

Malgré ce fait considérable, la majorité restait encore à droite. C'est alors que pour la paralyser, on tenta de faire faire à l'Assemblée un pas de plus vers la République.

Une chose inquiétait par-dessus tout M. Thiers, c'était le rappel des lois d'exil qui frappaient les princes de la maison de France. On ne saurait imaginer, si l'on n'en avait été témoin, avec quelle obstination il s'y opposait. Lui, ancien ministre de Louis-Philippe, qui avait passé toute sa vie pour orléaniste, qui tout au moins avait

---

[1] Tome Ier, p. 60.

défendu jusqu'alors les principes de justice et de liberté incompatibles avec ces lois d'exil, il se refusait avec passion à rouvrir le territoire de la France aux fils de son ancien roi. Et à quel moment? Quand les princes venaient, sous le gouvernement même du 4 septembre, d'exposer leur sang pour la défense de la patrie, quand, de fait, ils étaient déjà rentrés sur le territoire, quand deux d'entre eux, le prince de Joinville et le duc d'Aumale, venaient de se voir en quelque sorte relevés de l'exil par le suffrage universel. Il alla jusqu'à menacer formellement de donner sa démission si la loi était votée. Appelé devant la commission qui traitait cette grave affaire, et la trouvant inébranlable sur le principe, il ne craignit pas de tirer de sa poche, sous forme de transaction, une proposition de loi en deux articles, interdisant aux princes toutes fonctions électives, et attribuant au pouvoir exécutif le droit de leur faire changer de résidence s'ils lui donnaient quelque sujet s'inquiétude pour la tranquillité publique [1]. C'était quelque chose comme une mise sous la surveillance de la haute police. On eut peine à lui faire comprendre qu'un projet aussi étrange et aussi inconvenant ne pouvait être présenté à une Assemblée française. Quand il sentit une volonté arrêtée chez ses contradicteurs, il se replia, suivant son habitude, et se contenta de la promesse donnée par les deux princes élus de ne pas prendre séance. A ce prix il finit par accepter la loi, et par faire le sacrifice de conserver le gouvernement *pour ne pas jeter le pays dans le trouble inévitable que pourrait amener un changement de personne dans le maniement du pouvoir.* « Je l'ai fait, ajoutait-il, avec un sentiment de véritable dévouement, et j'espère que vous m'en tiendrez compte [2]. »

Malgré tout, il sentait que l'Assemblée lui échappait; il savait que, touchés du zèle ardent des royalistes pour leur ouvrir les portes de la patrie, les princes d'Orléans avaient annoncé l'intention d'aller rendre leurs hommages au chef de leur race. Inquiet pour la République, inquiet pour son propre pouvoir, il imagina la proposition Rivet.

Pendant plus de deux mois on tâta le terrain, colportant soir et matin un texte de proposition qui variait chaque jour. Les députés n'osaient plus s'absenter un quart d'heure de la salle des séances; à tout moment on s'attendait à voir la bombe éclater. Il est difficile de se figurer ce qu'étaient au dehors des séances les allées et venues, les pourparlers, les sollicitations auprès de ceux qu'on espérait rallier. On se demande comment M. Thiers, occupé de si graves intérêts, pouvait trouver du temps pour se mêler à toutes ces in-

[1] Procès-verbaux de la Commission, 5 juin 1871.
[2] Discours du 8 juin 1871.

trigues et en tenir les fils. Rien ne lui échappait; il recevait, comme on sait, tous les soirs; dès qu'on franchissait le seuil de son salon, on était littéralement assiégé. Les meneurs prenaient pour prétexte la nécessité de donner sécurité au commerce et à l'industrie, de relever le crédit de la France en assurant quelque stabilité au gouvernement. C'était, il faut en convenir, un singulier moyen de calmer les esprits que de susciter ainsi dans l'Assemblée une agitation incessante, et d'entretenir d'une façon chronique la fièvre constitutionnelle. Puisqu'on tenait au pacte de Bordeaux, le seul avantage qu'on pouvait en retirer était précisément d'éviter ces sujets de discorde, et de se renfermer dans les questions d'affaires, si nombreuses et si graves, sur lesquelles il était facile de maintenir l'entente... Mais au fond, était-ce l'intérêt du pays qui préoccupait si vivement les inventeurs du projet?

Leurs hésitations, leurs lenteurs ne tenaient qu'à une cause, ils craignaient d'échouer. Deux événements simultanés leur rendirent l'espoir. Les élections du 2 juillet, préparées par l'action de la presse gouvernementale, venaient d'infuser un sang nouveau dans l'Assemblée, et d'apporter à la gauche de nouvelles forces. Presque à la même date, un fait d'une tout autre nature, étranger au Parlement, avait semé, il faut bien le reconnaître, quelque division entre la droite et le centre droit, quelque trouble dans la droite elle-même. L'occasion parut favorable pour lancer la proposition; elle fut portée à la tribune le 12 août.

Elle affectait des prétentions fort modestes. On changeait le titre de *Chef du Pouvoir exécutif de la République française* en celui de *Président de la République française*. N'était-ce pas, disait-on, exactement équivalent? On prorogeait de trois ans les pouvoirs de M. Thiers. Mais, continuait-on, qui donc avait envie de renverser M. Thiers? L'Assemblée le comblait à tout instant des témoignages de sa confiance. Enfin on ajoutait que « si, dans cet intervalle de trois ans, l'Assemblée nationale jugeait à propos de se dissoudre, les pouvoirs de M. Thiers, liés à ceux de l'Assemblée, ne dureraient que le temps nécessaire pour la constitution d'une Assemblée nouvelle, laquelle, à son tour, aurait à statuer sur le pouvoir exécutif. »

Quelques précautions oratoires qu'on eût employées, la droite tout entière sentit le coup qu'on voulait lui porter. Une immense émotion s'empara de l'Assemblée. Après une vive discussion dans les bureaux, neuf commissaires contre six furent nommés pour combattre la proposition : en additionnant les suffrages qu'ils avaient réunis, la droite pouvait se tenir assurée d'une majorité de 36 voix; c'étaient, depuis les élections du 2 juillet, les derniers débris de la grande majorité de Bordeaux.

Malheureusement, dans la plupart des réunions d'hommes, une majorité qui décroît est bien vite une majorité perdue. Sous prétexte de modération et de conciliation, il s'y forme presque toujours un tiers-parti qui cède les points les plus avantageux du terrain de lutte. Cinq membres de la Commission résistèrent jusqu'au bout, parmi eux, M. Léonce de Lavergne, à qui une vieille aversion pour M. Thiers tenait lieu d'esprit conservateur. Mais quatre se détachèrent. L'un de ceux-ci était un homme universellement respecté et aimé, qui jouissait dans l'Assemblée d'une considération supérieure, à cause du rôle qu'il avait joué au 2 décembre et pendant toute la durée de l'Empire, et auquel l'aménité et la bonne grâce de l'esprit valaient la sympathie de tous, nous voulons parler de M. Vitet. Mais à côté de ces qualités séduisantes, M. Vitet avait un défaut fort sensible chez un homme politique : écrivain merveilleux, il croyait trop facilement qu'on pouvait remplacer la fermeté des actes par la sonorité des phrases. Assez irrésolu d'ailleurs, il avait adhéré à la République pendant le siège de Paris ; il était redevenu monarchiste dans la compagnie de ses amis de la droite ; mais lié à M. Thiers par de chères habitudes, il ne pouvait désespérer de lui, et cherchait toujours, après quelques accès d'énergie passagère, à lui ramener les conservateurs.

Ce fut lui qui devint le trait d'union d'une nouvelle majorité dans la Commission, avant d'en être nommé le rapporteur. Sous son inspiration, on modifia la proposition, au point que M. Rivet fut tenté d'en désavouer la paternité, mais on fut loin d'en faire disparaître tout le danger. Ce qu'on gagnait de plus important était d'affirmer le pouvoir constituant de l'Assemblée, et son intention, un peu idéale, d'user de ce pouvoir. Mais on accordait à M. Thiers, en le couvrant de fleurs, le titre de président de la République : et si on lui refusait ce qu'il désirait le plus passionnément, le droit de survivre à l'Assemblée, on lui assurait du moins que son pouvoir durerait autant qu'elle.

Ce texte de loi était un chef-d'œuvre de contradiction, qui n'aurait pas d'égal, si le rapport n'était plus équivoque et plus illogique encore. Jamais écrivain n'a si bien réussi à dire le pour et le contre dans une même phrase. Après avoir blâmé sévèrement les auteurs d'une proposition qu'il déclarait inutile, inopportune et même dangereuse, le rapporteur concluait en engageant l'Assemblée à s'en approprier les dispositions principales. Il considérait le changement de titre comme *plus difficile à refuser, que compromettant à permettre.* Il affirmait le pouvoir constituant de l'Assemblée, réservait la forme du gouvernement, et déclarait cependant que M. Thiers serait *président de la République* aussi longtemps qu'elle vivrait elle-même. L'Assemblée s'interdisait de le renverser, puisqu'elle lui garantissait la possession du pouvoir *tant qu'elle n'aurait pas terminé ses travaux*, et pourtant il le déclarait *responsable* devant elle. Pour mieux accentuer la contradiction et prouver qu'il en avait conscience, le rapporteur avait soin de dire : « Un terme variable, et par exemple la durée des travaux de l'Assemblée, ne soulève aucune des objections de principe et vraiment sérieuses que nous signalions tout à l'heure. Pour ceux qui cherchent à tout prix un gage matériel de durée et de stabilité, il n'y a là qu'une satisfaction plus apparente que réelle, puisque la responsabilité du chef de l'Etat subsiste devant l'Assemblée et qu'un divorce reste toujours possible ; mais cette satisfaction, pourquoi la refuser? »

Malgré cette logomachie qui ne pouvait faire illusion à personne, l'Assemblée allait finir par capituler, plutôt par lassitude que par conviction. Le pouvoir constituant, violemment attaqué par la gauche, fut voté par une majorité considérable. Cette satisfaction d'amour-propre parut suffisante à une partie des alliés. Pendant que deux membres de la droite, fidèles à la consigne, se hasardaient à combattre le surplus du projet, ils purent s'apercevoir, du haut de la tribune, qu'ils étaient tout à coup abandonnés, et que les chefs sonnaient la retraite. Ce fut un triste exemple, et ce ne fut pas le dernier, d'une déroute en pleine bataille. Au vote, 94 voix seulement, dont 60 de la droite, se prononcèrent contre la proposition, qui réunit 491 suffrages ; 109 membres s'étaient abstenus.

La loi du 31 août 1871, qui porte dans l'histoire parlementaire le nom de *Constitution Rivet*, fut peut-être la faute la plus inexcusable que l'Assemblée commit dans la première période de son existence. La majorité, après cet acte de faiblesse, ne pouvait plus ni inspirer ni conserver aucune confiance en elle-même. On pouvait dire, en retournant un mot historique de M. Thiers : la Chambre cède, la République est faite. Sans doute la différence était insignifiante entre le titre de chef du pouvoir exécutif de la République et celui de président de la République. Mais la gravité de la concession n'était pas là. A Bordeaux ces mots : *République française* avaient été surpris au patriotisme de l'Assemblée par la crainte d'une discussion inopportune ; elle ratifiait maintenant en pleine liberté, et sans nécessité, ce qu'elle avait subi une première fois comme contrainte et forcée. Puis, elle se liait à M. Thiers à l'instant où elle avait plus à se plaindre de sa politique, où « sur toutes les questions de gouvernement, pour emprunter les expressions de M. de Lavergne, un désaccord profond avait éclaté entre le chef du pouvoir exécutif et la majorité. » Elle exaltait ses services, dans un moment où elle désapprouvait toute sa conduite. Elle l'élevait au-dessus du rang d'un premier ministre, obligé par la tradition parlementaire à se retirer devant un vote de défiance, pour l'investir d'une fonction qu'il devait conserver tant qu'elle n'aurait pas terminé ses travaux. Elle s'interdisait donc de le renverser, et constituait à côté d'elle un pouvoir qui ne dépendait plus d'elle ; car, on doit l'observer, si M. Thiers est tombé au 24 mai, sa démission a été volontaire, le vote de l'Assemblée ne pouvait l'y contraindre. Elle se liait même les mains sur la Constitution future ; en supposant qu'elle retrouvât jamais assez de vigueur pour rétablir la monarchie, elle ne se réservait le droit de le faire que par un acte testamentaire, à la charge de disparaître, avec son chef M. Thiers, avant d'entrer elle-même dans cette terre promise. Dès lors, elle n'avait plus de ressource, pour ressaisir la plénitude de sa souveraineté, que dans un coup de tête de M. Thiers. Cette ressource, M. Thiers la lui donna ; nous verrons dans la suite combien elle eut de peine à en profiter.

PARIS. — E. DE SOYE ET FILS, IMPR., 5, PL. DU PANTHÉON.

II

Suivant le sort habituel des transactions, la Constitution Rivet
n'avait contenté personne : ni l'extrême gauche, qui voulait refuser
à l'Assemblée l'ombre même du pouvoir constituant, ni M. Thiers
qui avait engagé cette funeste campagne pour se faire assurer le
droit de survivre à l'Assemblée et ne l'avait pas obtenu, ni la frac-
tion importante de la majorité qui avait abandonné le combat, ni
celle qui l'avait soutenu et perdu. L'Assemblée s'était interdit de
renverser M. Thiers, dans l'espoir de ne plus le voir chaque semaine
poser à la tribune la question de gouvernement. Mais M. Thiers ne
s'était pas interdit de la menacer de sa démission ; et, comme ce
moyen de domination lui avait réussi jusqu'alors, il ne renonçait
nullement à s'en servir. Le pays ne devait pas avoir un jour de plus
de sécurité ni de confiance. Seulement l'Assemblée s'était amoindrie
à ses propres yeux, et les partis étaient un peu plus aigris les uns
contre les autres.

Dès le retour des vacances, au mois de décembre, on put constater que M. Thiers ne tenait lui-même aucun compte de cette Constitution Rivet avec laquelle il avait tant agité l'opinion. Comme s'il
était toujours un simple président du conseil des ministres, il disait
encore dans son message : « Si mon dévouement ne vous est pas
indispensable, si votre sagesse n'approuvait pas mes vues à quelque
degré, oh ! n'hésitez pas, faites un signe, un seul ; et, redevenu

ouvrier fidèle et soumis, je vous remettrais l'œuvre que vous m'avez confiée [1]... » Que cette déclaration fût ou non sincère, elle prouvait que la *stabilité apparente* promise par M. Vitet n'était pas plus apparente que réelle, et que les menaces de démission, employées comme procédé de gouvernement, se reproduiraient aussi souvent qu'on y trouverait intérêt.

L'effet ne tarda pas à suivre la parole ; et, à propos de la discussion du projet de loi le plus sérieux et le moins capable de soulever les passions des partis (il s'agissait de l'impôt sur les matières premières), une proposition de M. Féray, déclarant que l'Assemblée n'aurait recours à cet impôt qu'en cas d'impossibilité d'aligner autrement le budget, ayant passé par 367 voix contre 297, le 19 janvier 1872, M. Thiers, qui avait employé dans cette discussion les expressions les plus outrageantes pour ses adversaires, jusqu'à dire que « les intérêts perdaient toute pudeur quand il s'agit de se satisfaire », adressa le lendemain au président de l'Assemblée une lettre par laquelle il lui notifiait sa démission.

Quelle occasion de l'accepter ! L'Assemblée pouvait reprendre en un jour sa liberté aliénée. M. Thiers était renversé par un vote du centre gauche ; la mesure, à supposer qu'elle dût être impopulaire, ne pouvait être imputée aux droites ; d'ailleurs l'intolérance, le despotisme de M. Thiers la justifiait pleinement. Pendant toute la soirée du 19, on crut le fait accompli. Les députations du centre gauche, qui se présentaient à la présidence, étaient reçues avec une sorte de dédain irrité. Le 20 au matin, la démission n'était plus douteuse pour personne. Les réunions de la droite et du centre droit étaient intimement unies pour l'accepter ; le centre gauche lui-même, outré de la violence qui lui était faite, ne semblait guère moins résolu. Ses délégués, MM. Deseilligny, Bérenger, Bertauld, demandèrent (ce qu'on n'avait jamais vu jusqu'alors) à conférer avec les délégués des droites, approuvèrent l'ordre du jour que ceux-ci avaient préparé, et le signèrent.

Cet ordre du jour, poli mais froid, se bornait à constater que l'Assemblée n'avait jamais refusé son concours au pouvoir exécutif, et laissait retomber sur M. Thiers la responsabilité de la crise qu'il avait fait naître [2].

---

[1] Message du 7 décembre 1871.

[2] Voici le texte de ce projet d'ordre du jour : « Considérant que l'Assemblée dans sa résolution d'hier, s'est bornée à réserver une question économique ; que son vote ne peut être, à aucun titre, regardé comme un acte de défiance ou d'hostilité, et ne saurait impliquer le refus du concours qu'elle a toujours donné au gouvernement, l'Assemblée passe à la discussion des différents projets d'impôts qui lui ont été présentés.

On paraissait décidé à confier provisoirement le pouvoir exécutif-
à un triumvirat sous lequel l'Assemblée, redevenant maîtresse d'elle-
même, pourrait se livrer à l'œuvre constitutionnelle qui s'imposait à
elle.

Mais M. Thiers comptait bien sur la faiblesse des tempéraments
dont il avait déjà fait l'épreuve. A peine sa lettre de démision avait-
elle été lue au milieu d'un silence glacial, et M. Batbie était-il monté
à la tribune, pour déposer et développer le projet d'ordre du jour,
on vit une grande émotion se manifester dans le centre gauche.
M. Deseilligny qui, une heure auparavant, avait signé au nom de
ce groupe la motion des droites, vint tout à coup proposer une
nouvelle rédaction absolument différente qui se terminait en « con-
firmant à M. Thiers le témoignage de la confiance de l'Assemblée,
en faisant un nouvel appel à son patriotisme et en refusant d'accepter sa démission. »

Il est impossible de rendre l'agitation qui succéda à ce coup de
théâtre. On avait beau crier à M. Deseilligny qu'il s'était engagé,
qu'il avait signé... ce changement de front pendant le combat décon-
certa une partie de l'armée, qui avait besoin, pour tenir ferme, de se
croire sûre de la victoire. Un ordre du jour de transaction fut impro-
visé, adopté sans scrutin par une immense majorité (une partie de
la droite se bornant à protester par son vote ou par son abstention),
et porté aussitôt à M. Thiers qui attendait avec sécurité ce dénoue-
ment pour reprendre le pouvoir plus despotiquement que jamais [1].

La faiblesse de caractère est de même effet chez les Assemblées
que chez les souverains. La journée du 20 janvier 1872, où la majorité se retourna subitement vers son ministre M. Thiers, après
l'avoir condamné le matin, rappelle d'une façon surprenante cette
fameuse *Journée des Dupes*, où Louis XIII, après avoir laissé pressentir à toute sa cour la disgrâce du cardinal de Richelieu, lui rendit
tout à coup sa faveur et la plénitude du pouvoir. En de telles occur-
rences, malheur à ceux qui ne savent pas changer de rôle au caprice
des événements!

Le scène du 20 janvier, quelle qu'en ait été la conclusion, donna
fort à réfléchir à tous les partis. Ceux qui prenaient au sérieux la

---

[1] Les réflexions par lesquelles M. Jules Simon termine le récit de cette
triste scène prouvent à quel point les républicains font bon marché du pouvoir parlementaire, et sont empressés à le prosterner aux pieds d'un despote,
pourvu que le despote soit un des leurs : « Jamais, s'écrie-t-il sur le ton du
triomphe, jamais homme ne vit une démonstration plus éclatante de la
grandeur de sa situation. Les princes à qui on offre des couronnes ont cons-
piré et valeté pour se la faire offrir (de quels princes veut-il parler?). Mais ce
bourgeois avait positivement rejeté le pouvoir, et traité du haut en bas
l'Assemblée qui, maintenant, était à ses pieds. » (T. II, p. 302).

démission de M. Thiers s'inquiétaient à l'idée que la France pourrait s'éveiller un matin sans gouvernement. L'Assemblée humiliée commençait à sentir à quel point l'absence d'institutions est funeste; l'infatuation du gouvernement personnel ne lui paraissait guère plus tolérable en République que sous l'Empire. Le centre gauche s'agitait pour faire encore une Constitution provisoire à la taille de son chef, une nouvelle édition de la Constitution Rivet. On colportait dans les couloirs une proposition tendant à instituer un vice-président de la République. Mais M. Thiers ne s'en souciait guère. Comme l'auteur du projet lui en demandait son avis : « Je sais ce que c'est, lui dit-il, vous voulez parler de ma mort; eh bien! je n'y crois pas. » Prolonger le provisoire sans institutions était son rêve, mais à condition qu'on accentuât la forme républicaine, seul gage de durée pour son propre pouvoir.

D'un autre côté, les royalistes qui venaient, pour la seconde ou troisième fois, de laisser échapper l'occasion de supprimer l'obstacle, sentaient plus vivement la nécessité de constater leur accord sur les bases d'une constitution future, afin de se tenir prêts à tout événement. Ce qui doit surprendre, c'est que cet accord ne fût pas encore publiquement établi, quand il semblait si facile sur tous les points de réelle importance. On s'était beaucoup occupé, depuis l'origine de l'Assemblée, de tout ce qui touchait l'union des princes, intérêt de premier ordre assurément, mais qui dépassait un peu la compétence des députés. Ce qui les regardait essentiellement, quant à eux, c'était de manifester leur entente sur toutes les libertés publiques et privées; d'examiner en commun si la royauté restaurée menaçait réellement la France, comme on osait le dire, d'un retour vers le régime d'avant 1789, ou si, au contraire, elle pouvait donner au pays, de l'aveu de ses partisans les plus anciens et les plus fidèles, toutes les garanties que le dix-neuvième siècle est en droit d'attendre.

Sur ce point, la parole de M. le comte de Chambord, si souvent répétée dans sa correspondance et dans ses entretiens, ne pouvait certainement laisser place à aucun doute. Quiconque sait lire n'ignorait pas que le prince avait toujours promis : « *le gouvernement représentatif dans sa puissante vitalité, les dépenses publiques sérieusement contrôlées, le règne des lois, le libre accès de chacun aux emplois et aux honneurs, la liberté religieuse et les libertés civiles consacrées et hors d'atteinte, l'administration intérieure dégagée des entraves d'une centralisation excessive* [1]. » On savait de plus que M. le comte de Chambord n'avait pas l'intention de dicter à la France une charte émanée de sa seule initiative,

---

[1] Lettre au général de Saint-Priest, 9 décembre 1866.

mais entendait que les lois constitutionnelles comme toutes les autres fussent le résultat d'un accord entre le roi et les représentants de la nation. Ce n'était pas assez cependant ; on avait besoin d'être assuré que les deux grandes fractions du parti monarchique étaient bien en communauté d'idées sur toutes les questions qu'une Constitution doit résoudre. La droite prit l'initiative ; elle posa ses principes dans un programme qui est un modèle de sagesse et de vrai libéralisme, et que nous croyons utile de reproduire ici.

Dans la crise que nous traversons, après tant d'épreuves, en présence de tant d'incertitudes et de périls, diverses fractions de l'Assemblée nationale ont déjà fait connaître au pays ce qu'elles pensent et ce qu'elles veulent.

A notre tour, nous croyons remplir un devoir en lui disant ce que nous pensons et ce que nous voulons.

Nous avons été, dans tous les temps, les serviteurs dévoués du pays. Les douloureux souvenirs de la guerre le disent hautement. Quand la nation, au lendemain de nos désastres, s'est adressée aux honnêtes gens, leur demandant de s'unir contre le césarisme et la démagogie, nous avons répondu à son appel.

A Bordeaux, sans engager l'avenir, nous avons concouru à la formation du gouvernement actuel, réclamant de lui surtout de rétablir l'ordre et la sécurité publique, et de faire franchement de la politique conservatrice avec le grand parti conservateur.

Ce que nous lui avons demandé dès le premier jour, nous le lui demandons encore, et nous continuerons à marcher dans cette voie sans nous départir de la prudence et de l'esprit de conciliation que nous impose la gravité des circonstances.

Fidèles au mandat qui nous a été confié, l'objet constant de nos efforts est de préserver le pays de nouvelles catastrophes, de relever sa fortune, d'assurer son avenir.

Ce serait trop peu en effet de maintenir à la surface une tranquillité précaire. Une grande nation ne peut vivre au jour le jour, perpétuellement livrée au hasard des événements, aux surprises de l'imprévu ; il faut que le lendemain lui appartienne.

Aussi devons-nous dire à la France comment elle pourra, selon nous, Dieu aidant, mettre un terme à ses malheurs et reconquérir, avec des alliances, le rang qui lui appartient en Europe. Nous considérons la monarchie comme le gouvernement naturel de notre pays ; et par monarchie, nous entendons la monarchie traditionnelle et héréditaire. Elle a fait la France, elle lui a donné, pendant des siècles, la stabilité et la grandeur. En 1789, elle allait d'elle-même au-devant des réformes ; en 1814, elle fondait la liberté, en même temps qu'elle sauvegardait l'intégrité du territoire.

Voilà ce que nous devons à la monarchie; voilà quels souvenirs et quelles espérances nous animent quand nous poursuivons l'union parmi les conservateurs, quand nous la sollicitons dans la maison royale.

Une monarchie héréditaire, représentative, constitutionnelle, assurant au pays son droit d'intervention dans la gestion de ses affaires et sous la garantie de la responsabilité ministérielle, toutes les libertés nécessaires, libertés politiques, civiles, religieuses; l'égalité devant la loi; le libre accès de tous à tous les emplois, à tous les honneurs, à tous les avantages sociaux; l'amélioration pacifique et continue de la condition des classes ouvrières :

Cette monarchie est celle que nous voulons.

Respectant d'ailleurs notre pays autant que nous l'aimons, nous n'attendons rien que du vœu de la nation, librement exprimé par ses mandataires.

Ce programme recueillit aussitôt quatre-vingts signatures. Une partie des membres de la droite s'étaient réservé de n'y adhérer qu'après avoir consulté M. le comte de Chambord. Dès que l'agrément du prince fut connu, le manifeste des quatre-vingts, comme on l'appelait, devint le manifeste de la droite tout entière. On doit même remarquer que les membres les plus ardents de l'extrême droite, les plus disposés d'ordinaire à la défiance envers le centre droit, n'étaient pas les moins animés pour la défense de ce programme. M. de la Rochette déclarait, dans une lettre rendue publique, qu'en le signant « ses amis accomplissaient l'acte le plus utile et le plus politique. » M. le marquis de Franclieu lui-même, si souvent isolé de ses collègues par son exubérante vivacité, écrivait que cette déclaration contenait « des affirmations conformes à tous ses principes, et qu'il était heureux de se réunir à des hommes dont il était beaucoup moins séparé qu'il ne l'avait pensé jusqu'alors. »

En même temps le centre droit, à qui le manifeste avait été adressé, s'empressait d'y répondre par une adhésion formelle : « C'est dans cette voie, disait-il, que nous conseillerons à la France de chercher le salut, lorsque l'heure des solutions constitutionnelles sera venue [1]. » Il se bornait à ajouter une phrase de réserve sur le

---

[1] Voici le texte de cette réponse : « Nous vous remercions de la communication que vous nous avez faite, et nous sommes heureux de nous associer aux sentiments de patriotisme qui vous ont inspiré l'acte important dont vous nous avez fait part.

« Nous nous sommes réunis pour accomplir en commun une œuvre de paix et de consolidation sociales, et dans cet ordre d'idées nous disons avec

drapeau. Mais qui eût pu croire que l'union, si étroitement établie sur toutes les conditions essentielles à la prospérité et à la liberté d'un peuple, se romprait un jour sur une question de couleurs?

Peut-être une signature commune sur le même document eût-elle été préférable pour fondre toutes les nuances et effacer toute distinction de partis. Mais, telle qu'elle était, l'union était un pas considérable vers le rétablissement de la monarchie et le salut de la France. Le journal qui passait, à tort ou à raison, pour exprimer le plus parfaitement la pensée des princes d'Orléans, s'exprimait ainsi à la date du 22 février : « Notre opinion sur l'essai loyal n'est pas nouvelle. Nous avons subi, comme tout le monde, cette aberration politique sans jamais en comprendre le sens et sans en reconnaître la légitimité. Non-seulement nous ne pouvons admettre qu'on expérimente sur un peuple comme sur un sujet d'hôpital, mais nous ne pouvons concevoir qu'une idée pareille soit venue à des hommes d'État civilisés... En France, la République est un régime malfaisant et ridicule qui nous ruine en nous humiliant. Nous le savions et c'est ce passé qui, dès le premier jour, nous défendait de nous prêter à l'expérience et de croire à ses effets. Mais l'essai loyal fût-il un dogme, ce qu'il ne pouvait être et ce qu'il n'a jamais été, que les résultats acquis depuis six mois autoriseraient les bons citoyens à chercher et à préparer un régime plus réconfortant et plus sain. Il faudra bien que l'essai loyal ait un terme, et l'on ne prétend pas sans doute que l'expérience se poursuive jusqu'à la mort du sujet, c'est-à-dire jusqu'à ce qu'il n'y ait plus de France [1]... »

vous que nous n'attendons rien que du vœu de la nation librement exprimé par ses mandataires.

« Comme vous, nous avons contribué à établir le gouvernement actuel. Ce que nous lui demandions ensemble à Bordeaux, nous le lui demandons encore aujourd'hui. Nous respectons les sentiments et les espérances de ceux de nos collègues qui s'attachent à l'idée de la République conservatrice. Mais nous croyons avoir aussi le droit et le devoir d'affirmer hautement nos convictions fondées sur l'expérience et dictées par l'intérêt suprême de notre patrie. Nous voulons rappeler comme vous au pays les services qu'il a déjà reçus et ceux qu'il peut attendre encore de la monarchie constitutionnelle dont vous indiquez si bien les bases essentielles, en vous efforçant de réconcilier la France ancienne avec la France moderne.

« C'est donc dans cette voie que nous conseillerons à la France de chercher le salut lorsque l'heure des solutions constitutionnelles sera venue. Soumis à la volonté de la nation et fidèles à son drapeau, nous l'engagerons jusque-là à poursuivre par l'accord de toutes les fractions du parti conservateur, l'établissement des garanties d'ordre public qui permettront à la patrie de ressaisir son indépendance et de préparer le retour de sa prospérité et de sa grandeur. »

[1] *Journal de Paris* du 22 février 1872.

Le même jour, les journaux de la droite publiaient une note communiquée, qui établissait nettement la portée du manifeste, et la politique expectante avec laquelle il se conciliait : « Si de nouvelles crises surviennent, disait-on, le parti conservateur sera prêt, et la France, quoi qu'il arrive, ne sera pas prise au dépourvu. »

Malgré les réserves que contenait cette note, M. Thiers s'alarma. Ce qu'il n'admettait précisément point, c'était qu'au cas d'une nouvelle crise, *le parti conservateur fût prêt*. Personne ne peut douter que si, à ce moment, il eût déclaré close l'expérience du pacte de Bordeaux, et que, même en gardant entre les partis la neutralité promise, il eût déclaré le moment venu de travailler à la constitution de la France, une majorité sérieuse fondait la monarchie. S'il voulait faire un pas de plus, et donner lui-même un signal en faveur de la monarchie comme il le fit plus tard en faveur de la République, ce n'était pas une simple majorité, c'étaient encore les deux tiers de l'Assemblée qui s'y seraient ralliés, et auraient ainsi assuré à l'institution nouvelle la plus grande force et les plus larges assises qu'un gouvernement pût souhaiter.

Ce fut précisément cet instant que M. Thiers choisit pour faire une nouvelle tentative en faveur de la République.

La faire franchement et au grand jour, il ne l'osait pas. Il eut recours, encore une fois, à l'un de ces artifices qui lui étaient familiers, pour engager l'Assemblée sans qu'elle en eût conscience, et pour arrêter le mouvement monarchique qui se produisait dans le pays.

Le programme de la droite avait été signé le 18 février. Le 21, M. Victor Lefranc, récemment nommé ministre de l'intérieur, montait à la tribune, et proposait, sans que rien l'eût fait pressentir, un projet de loi tendant à punir *toute attaque contre le gouvernement institué par les décrets des 17 février, 1ᵉʳ mars et 31 août 1871, et toute publication ayant pour objet de provoquer au renversement de ce gouvernement*. En d'autres termes, le régime provisoire que la France subissait depuis un an serait devenu, par l'effet de la loi pénale, un régime définitif, puisqu'il n'eût été permis ni de l'attaquer, ni d'en réclamer le changement.

M. Thiers espérait sans doute que, grâce à la rédaction obscure de cette loi, grâce aux précédents par lesquels il la justifiait, une partie de l'Assemblée ne verrait point ou feindrait de ne pas voir le piége qu'elle cachait. En effet le ministre de l'intérieur s'étudiait à dire que rien n'était changé au pacte de Bordeaux, que l'Assemblée aurait toujours, à son heure, le droit de statuer en pleine liberté sur les institutions de la France, mais que tout gouvernement, ne fût-il même pas définitivement constitué, devait se faire respecter tant qu'il existe, et que la loi proposée se bornait à appliquer au présent état de choses la protection qui avait garanti tous les régimes antérieurs.

Tandis qu'il tenait ce langage destiné à endormir les craintes, le confident intime de la pensée présidentielle, M. Barthélemy Saint-Hilaire, s'exprimait d'une façon tout opposée. Dans une lettre adressée le 22 février au président du conseil général de Meurthe-et-Moselle, il écrivait : « M. le Président me charge de vous féliciter des sentiments que vous exprimez. A plusieurs reprises, soit à la tribune, soit dans les documents officiels, il a lui-même donné les assurances les plus formelles de sa résolution de maintenir intact le dépôt de la République qui lui a été confié. Vous pouvez être convaincu que *tous ses efforts tendent à ce but* et qu'il saura tenir sa promesse. *La loi qu'il a proposée hier à l'Assemblée nationale en est une preuve nouvelle. Nous en attendons le meilleur effet...* »

Il a toujours été convenu au théâtre qu'on peut parler à la cantonade autrement que sur la scène ; qu'on peut faire des apartés que la salle entend tout entière et qui sont censés ne pas arriver à l'oreille des personnages. Mais il est hardi, on doit en convenir, de transporter ces procédés dramatiques sur le théâtre de la politique, et de compter sur l'illusion du public. Cependant M. Thiers pouvait être encouragé dans cette manière de faire par les succès qu'elle lui avait déjà valus. Mais cette fois il dépensa sa finesse en pure perte. La Commission chargée d'examiner le projet de loi fut composée de six membres favorables et de neuf contraires à la proposition. Ces derniers étaient des hommes aussi fermes que perspicaces, décidés à ne pas suivre l'exemple de la Commission Rivet, et à ne rien céder de ce qu'ils devaient défendre. Ils considéraient la loi comme inutile, les tribunaux n'ayant jamais fait difficulté d'appliquer à la protection des gouvernements existants les dispositions pénales édictées sous d'autres régimes. Mais puisque le gouvernement s'était désarmé en déclarant une nouvelle loi indispensable, ils étaient disposés à la lui accorder à une condition, c'est qu'on en retrancherait tout ce qui excédait le besoin avoué par le gouvernement lui-même, et tout ce qui pouvait être considéré comme une altération du pacte de Bordeaux.

Ainsi on n'avait jamais, sous aucun régime, considéré comme un délit *l'attaque contre le gouvernement*, ce qui est l'aliment inévitable et, pour ainsi parler, le pain quotidien d'une presse libre. On n'avait jamais puni que l'attaque *contre les droits et l'autorité que le gouvernement tient des lois*, c'est-à-dire contre le principe en vertu duquel il existe. La Commission tenait à faire reproduire ces termes des lois antérieures. Quant à la provocation au renversement

du gouvernement, s'il s'agissait de la provocation à le renverser par
la violence et les voies illégales, ce délit étant prévu par le droit
commun, il était inutile de le reproduire. S'il s'agissait d'une provocation par la voie de la presse à sortir de l'état provisoire et à constituer un régime définitif, la Commission ne pouvait admettre à aucun degré que l'exercice de ce droit incontestable pût constituer un
délit.

Pour rendre sa pensée plus claire sur ce point, elle rédigeait
ainsi le projet de loi : « Toute attaque....., soit contre les droits et
l'autorité de l'Assemblée nationale, soit contre les lois et l'autorité
du gouvernement établi par les décrets et résolutions de l'Assemblée, sera punie, etc... *La présente disposition ne peut porter
atteinte au droit de libre discussion des questions constitutionnelles* [1]. »

Si le gouvernement eût été sincère dans l'interprétation officielle
qu'il donnait à son projet, cette rédaction devait lui donner pleine
satisfaction. Mais M. Thiers se récria. L'épithète de provisoire appli-
quée, dans la discussion, au régime dont il était le chef, avait le don
de le mettre hors de lui-même. On n'avait pas le droit, suivant lui,
même dans la presse, de dire en parlant de la constitution d'une
nouvelle forme de gouvernement : *nos légitimes espérances.* « Ces
mots, disait-il, ont leur impudeur [2]. » Il ajoutait : « Je ne m'avance
pas légèrement », indiquant, aussi clairement que possible, que la
question de gouvernement était encore une fois posée.

La Commission ne se laissa pas intimider ; elle ne céda ni aux
menaces de M. Thiers ni aux larmes du ministre de l'intérieur. Elle
choisit pour rapporteur M. Grivart qui, dans un travail très-mesuré,
mais très-ferme, maintint et expliqua les résolutions votées. Du
moment où l'on retranchait du projet ce qui le rendait dangereux,
le gouvernement ne s'en souciait plus, et cette loi qu'il avait pré-

---

[1] Le projet de loi de M. Victor Lefranc contenait un article 2, véritablement monstrueux, d'après lequel un « journal suspendu ou supprimé dans
un lieu soumis à l'état de siége, ne pouvait être ni imprimé, ni publié sur
aucune autre partie du territoire. » C'était une façon détournée d'étendre à
la France entière, en ce qui touchait la presse, les conséquences de l'état de
siége prononcé, souvent par suite de circonstances locales, dans une circons-
cription déterminée. Qu'auraient dit les *libéraux* du centre gauche si une
pareille proposition avait été faite sous la monarchie ? La Commission pro-
posa purement et simplement la suppression de cet article, qui ne pouvait
se justifier.

[2] Procès-verbaux de la Commission, séance du 8 mars 1872. Rien n'est
plus curieux que ce discours de M. Thiers. Exprimons à ce sujet notre regret
que les conversations de ce merveilleux causeur avec les Commissions, où il
s'abandonnait plus encore qu'à la tribune, soient généralement ignorées, et
à peu près perdues pour l'histoire parlementaire.

sentée comme si indispensable, si urgente, sans laquelle il affirmait ne pouvoir plus se faire protéger par la justice, ne vint jamais en discussion. Les tribunaux continuèrent à faire application des lois antérieures; ni M. Thiers, ni M. Victor Lefranc ne donnèrent leur démission; avec un peu d'énergie, la Commission les avait fait reculer.

Ces succès, dont on faisait état dans les couloirs de l'Assemblée et dans les réunions des groupes politiques, empêchaient l'ennemi d'avancer, mais ne faisaient pas faire un progrès décisif à la cause monarchique. Dans les deux camps on gardait ses positions; on eût dit volontiers de part et d'autre, comme à Fontenoy, *Tirez les premiers*, non par sentiment chevaleresque, mais par tactique parlementaire, et parce que, l'état des esprits étant connu, les premiers qui rompraient la trève semblaient mettre contre eux le plus de mauvaises chances. Proposée à cette époque, la proclamation de la République eût été infailliblement repoussée; mais d'autre part on pouvait craindre (et c'est la seule excuse de l'inaction des droites), qu'une motion royaliste, faite dans un moment inopportun, et rencontrant l'opposition décidée de M. Thiers, ne réunît pas une suffisante majorité.

On passa tout le printemps et tout l'été de 1872 à se regarder ainsi les uns les autres, non sans se livrer quelques escarmouches, mais sans oser engager la bataille décisive. Au mois de juin, une démarche célèbre que nous raconterons dans une autre partie de cette étude, fut faite auprès de M. Thiers, non pas, comme on l'a cru à tort, pour l'entraîner vers une solution constitutionnelle, mais pour lui demander instamment de rompre, dans la direction de sa politique, avec le parti révolutionnaire. Irrité, M. Thiers saisit ou plutôt fit naître l'occasion de jeter le masque : le 12 juillet, au cours d'une discussion de finances, très-calme par nature, il se plut, sans qu'on sût pourquoi, à soulever dans l'Assemblée le plus indescriptible tumulte, en affectant de dire que s'il pouvait quelque chose à la forme du gouvernement, ce serait la République, la République conservatrice. Les protestations l'assaillirent de toutes parts; on lui rappela avec énergie ses promesses de Bordeaux. M. Jules Simon trouve que des scènes pareilles étaient, de la part de la droite, une maladresse, qu'elles la déconsidéraient [1]. Si elle eût laissé passer une telle provocation sans réponse, quels reproches de faiblesse et de lâcheté ne serait-il pas le premier à lui adresser?

Il est mieux inspiré en disant : « Il est bien clair que si la droite s'était crue en mesure de gouverner, elle aurait renversé M. Thiers

---

[1] T. II, p. 322.

ce jour-là [1]. » Ce fut une faute capitale, sachant à ne plus s'y méprendre les intentions du Président, de lui laisser le pouvoir sans contrôle et sans contradiction possible pendant toute la durée des vacances parlementaires. Mais M. Thiers choisissait avec habileté le moment de ses attaques ; l'emprunt de trois milliards venait d'être voté, et il savait bien que, pour ne pas alarmer les souscripteurs, la droite aurait encore le patriotisme de reculer devant un changement de gouvernement. Nous nous rappelons avoir entendu à cette époque un des membres de la droite la plus modérée rappeler, en l'appliquant à M. Thiers, ce proverbe arabe : « Si tu me trompes une fois, c'est ta faute ; deux fois, c'est la mienne. » Et cependant ce même député devait, quelques semaines plus tard, se contenter des assurances conservatrices données à profusion par M. Thiers dans le huis-clos de la Commission chargée de se prononcer sur la prorogation de l'Assemblée. On était convenu, d'un accord à peu près commun, de renvoyer à cette Commission le soin d'entendre les explications du chef de l'Etat. M. Thiers avait, ce jour-là, besoin de ménager la droite, il la ménagea. Il ne lui coûta rien de déclarer qu'il ne serait complice d'aucune propagande ayant pour objet la dissolution de l'Assemblée ; que sur les questions constitutionnelles, l'avenir était réservé, absolument réservé pour tout le monde ; que les monarchistes avaient parfaitement le droit de désirer et de préparer le triomphe de leurs idées. « Ces idées, aurait-il même ajouté, ne s'éloignent pas des miennes ; car j'ai toujours préféré la République anglaise à la République américaine [2]. » Moyennant cette parole qui ne le gênait guère, le rapport de la Commission, présenté par M. Saint-Marc Girardin, put affirmer le renouvellement du pacte de Bordeaux.

Le même jour, par une malice du sort, les journaux publiaient une adresse des conseillers d'arrondissement de Villefranche à M. Thiers, où on lisait ces mots : « Ils vous remercient chaleureusement d'avoir affirmé, en face des intrigues monarchiques, la nécessité du gouvernement républicain, d'avoir déjoué ces complots où le ridicule le dispute à l'odieux. » Cette pièce était suivie d'une réponse de M. Barthélemy Saint-Hilaire, remerciant les signataires au nom de M. le Président de la République. L'Assemblée n'était pas encore séparée, et l'on exigea qu'une amende honorable parût au *Journal officiel*. Mais qu'importaient les désaveux ? Pendant trois mois de vacances, l'infatigable épistolier put multiplier impu-

---

[1] T II, p. 314.

[2] Compte-rendu de la Commission publié par les journaux. Séance du 29 juillet.

nément sa correspondance semi-officielle ; les Conseils généraux favorables aux idées républicaines purent, au mépris de la loi, aborder les discussions politiques et voter des adresses à M. Thiers reproduisant presque mot pour mot celles que leurs prédécesseurs envoyaient à Louis-Napoléon en 1851 pour exalter le pouvoir exécutif au détriment de l'Assemblée nationale ; les journaux inspirés par la présidence encourageaient le mouvement, les fonctionnaires l'appuyaient ; M. Gambetta promenait à Chambéry, à Albertville, à Annecy, à Grenoble, sa tapageuse éloquence ; il annonçait l'avénement des nouvelles couches sociales, et comparait élégamment l'Assemblée nationale à un cadavre sur lequel le fossoyeur s'apprêtait à jeter la dernière pelletée de terre. En même temps le centre gauche recommençait ses manéges et ses intrigues ; des journalistes de bas aloi, Guyot-Montpayroux, Ganesco servaient de traits d'union entre ce groupe parlementaire et la présidence, et faisaient éclore de jour en jour quelque nouveau projet constitutionnel : prorogation pour quatre ans des pouvoirs de M. Thiers, renouvellement partiel de l'Assemblée nationale destinée à devenir une simple Chambre des députés, création d'une seconde Chambre. L'union générale des gauches se formait sous les auspices du gouvernement pour engager la lutte à la rentrée.

Quand l'opinion fut ainsi échauffée, M. Thiers mit le feu aux poudres par son fameux *Message* du 13 novembre. « Messieurs, disait-il dans ce document, les événements ont donné la République, et remonter à ses causes pour les discuter et pour les juger, serait aujourd'hui une entreprise aussi dangereuse qu'inutile. La République existe, elle est le gouvernement légal du pays : vouloir autre chose serait une nouvelle révolution et la plus redoutable de toutes. Ne perdons pas notre temps à la proclamer, mais employons-le à lui donner ses caractères désirables et nécessaires..... La forme de cette République n'a été qu'une forme de circonstance donnée par les événements, reposant sur votre sagesse et sur votre union avec le pouvoir que vous aviez temporairement choisi ; mais tous les esprits vous attendent, tous se demandent quel jour, quelle forme vous choisirez pour donner à la République cette force conservatrice dont elle ne peut se passer. C'est à vous de choisir l'un et l'autre... »

Même en relisant ce *Message* à six années de distance, et après que les passions se sont refroidies au spectacle de tant d'autres surprises, nous sentons renaître notre impression, notre indignation du premier jour. Et cependant, pour notre part personnelle, nous ne pouvons pas dire que nous fussions trompé, car depuis Bordeaux, depuis le 16 février 1871, nous n'avions pas cessé de lire dans le jeu de M. Thiers. Mais était-il possible qu'un homme d'Etat d'un tel rang,

*

d'une si haute renommée, d'un si grand âge, qui avait passé vingt ans de sa vie à flétrir le parjure du 2 décembre, se jouât avec une pareille audace, en face des 750 témoins de sa parole, des serments qu'il avait prêtés devant Dieu, devant le pays, devant l'histoire! Car c'étaient bien de tels garants de sa foi qu'il avait invoqués, quand il s'était écrié à Bordeaux :

« Ce que nous devons à tous les partis, c'est de n'en tromper aucun, c'est de ne pas nous conduire de manière à préparer à votre insu une solution exclusive qui désolerait les autres partis.

« Non ! je le jure devant le pays, et si j'osais me croire assez important pour parler de l'histoire, je dirais que je jure devant l'histoire de ne tromper aucun de vous, de ne préparer, sous le rapport des questions constitutionnelles, aucune solution a votre insu, et qui serait de notre part, de ma part, une sorte de trahison.

« ..... Je dirai donc : monarchistes, républicains ! Non, ni les uns, ni les autres vous ne serez trompés; nous n'avons accepté qu'une mission déjà bien assez écrasante : nous ne nous occuperons que de la réorganisation du pays.

« Lorsque le pays sera réorganisé, nous viendrons ici vous dire : Le pays, vous nous l'aviez confié sanglant, couvert de blessures, vivant à peine, nous vous le rendons un peu ranimé. C'est le moment de lui donner sa forme définitive; et je vous en donne la parole d'un honnête homme, aucune des questions qui auront été réservées n'aura été résolue, aucune solution n'aura été altérée par une infidélité de notre part. »

La question de la République ou de la monarchie n'était-elle pas une de ces questions réservées, ou pour mieux dire cette unique question réservée qu'il ne devait ni résoudre, ni même altérer par la moindre infidélité? Or, aujourd'hui, M. Thiers ne proposait même plus de la trancher; il la considérait comme étant d'ores et déjà résolue. Cette République, dont on avait accepté le titre « en attendant qu'il fût statué sur les institutions de la France, » il n'était plus besoin, suivant lui, de la proclamer, car elle l'était, apparemment depuis le 4 septembre 1870. L'Assemblée n'avait plus qu'une œuvre à accomplir, c'était de lui donner ses organes nécessaires, sa forme définitive. Mais si elle voulait en sortir, elle se rendait coupable d'une *révolution.*

Après une telle *trahison*, le mot est de M. Thiers lui-même, le premier mouvement de l'Assemblée nationale devait être de révoquer ses pouvoirs. Mais l'Assemblée mettait journellement en pratique ce conseil d'un fameux sceptique : « Défiez-vous de votre premier mouvement, car c'est le bon. » M. de Kerdrel, s'élançant à la tribune, demanda qu'une Commission fût nommée pour présenter un projet de réponse au Message. Sa proposition, examinée par les bureaux, fut naturellement renvoyée à une Commission chargée, non pas de préparer la réponse, mais d'examiner s'il y avait lieu de nommer une autre Commission qui en rédigerait une. La question ne revint devant l'Assemblée que le 29 novembre. A travers toute cette involution de procédures parlementaires, on peut juger que les intrigues allaient leur train, et qu'on risquait fort de perdre de vue l'origine du dissentiment, soit pour s'attacher à quelque nouveau grief, soit pour saisir une occasion de se réconcilier. Pendant tout ce temps, la crise ouverte par le Message fut à l'état aigu et permanent ; l'attitude de M. Thiers, répondant au général Changarnier et au duc de Broglie, le 18 novembre, à propos des voyages oratoires de M. Gambetta, ne pouvait que l'aggraver encore ; et cependant l'Assemblée manifestait une fois de plus, à la suite de cette séance, sa volonté arrêtée de le maintenir au pouvoir, en votant un de ces ordres du jour équivoques qui laissaient de nouveau les choses en suspens.

Mais s'il ne se formait pas de majorité pour rompre avec M. Thiers, il semblait bien, du moins, que sur la question de forme de gouvernement, soulevée par le Message, et qui était de nature à engager les convictions les plus profondes, la bataille ne pouvait plus être longtemps évitée, et devait se terminer à l'avantage des droites. Voici comment, le temps aidant, M. Thiers manœuvra pour tourner la position sans mettre, suivant son expression favorite, les consciences à une trop grande gêne.

La Commission chargée d'examiner la motion de M. de Kerdrel avait été composée, comme presque toutes les commissions politiques de cette époque, de neuf membres des droites contre six des gauches. De part ni d'autre, rien ne put ébranler l'union de ces deux petits groupes. La droite reconnut promptement que la forme d'une adresse en réponse au Message pour le juger, n'était ni la plus convenable ni la plus pratique pour exprimer les résolutions d'une assemblée souveraine. Recherchant en même temps les causes des fréquents désaccords qui éclataient entre l'Assemblée et le pouvoir exécutif, elle fut d'avis que ce malaise tenait à l'intervention personnelle du Président de la République dans les débats parlementaires ; le remède, à ses yeux, consistait dans l'établissement d'une sérieuse responsabilité ministérielle, c'est-à-dire d'un ministère homogène, représentant l'opinion de la majorité du Parlement, et pouvant tomber sous un vote de cette majorité sans se faire couvrir par le chef du gouvernement et sans l'entraîner dans sa chute. Ce fut cette vérité, si conforme aux principes des Etats libres, que M. Batbie exposa au nom de la Commission, avec la lucidité habituelle de son talent. Comme conclusion, il demandait la nomination d'une Commission chargée de présenter un projet de loi sur la responsabilité ministérielle.

M. Thiers qui avait inventé sous la royauté, et poussé à ses conséquences les plus exagérées la formule : « Le roi règne et ne gouverne pas, » ne craignait rien tant que d'en voir faire l'application à la présidence de la République, tant qu'il en serait le titulaire. Il entendait régner et gouverner, et même gouverner de la façon la plus despotique ; l'idée de choisir un ministère dont la responsabilité fût collective et solidaire, et qui exécuterait sous sa direction la politique de la majorité parlementaire, ne pouvait approcher de son esprit. Il la combattit avec ardeur dans la Commission, posa nettement la question de confiance : puis, quand il jugea les résolutions inébranlables, il imagina un mouvement tournant. M. Dufaure soutint, avec cet art de mêler le faux et le vrai qui l'a si longtemps aidé à faire illusion aux honnêtes gens, qu'on ne pouvait arriver à cette « étrange combinaison » d'une responsabilité ministérielle en république, sans créer un ensemble d'institutions, telles qu'une seconde chambre, ou un *veto suspensif* au profit du Président. Il eut ainsi l'adresse de lier la question soulevée à celle d'une sorte de constitution à faire, et demanda formellement que la Commission préparât un projet de loi pour régler tout ensemble *les attributions des pouvoirs publics* et les conditions de la responsabilité ministérielle.

Le piége, il faut en convenir, était habilement dressé ; et dans les deux mémorables séances du 28 et du 29 novembre, M. Dufaure et M. Thiers rivalisèrent d'art pour le dissimuler aux yeux disposés ou intéressés à ne pas l'apercevoir. Quoi de plus inoffensif, disaient-ils en substance, que d'ajouter à la loi ces quatre mots : *Attributions des pouvoirs publics?* Pourrait-on refuser au gouvernement une si mince satisfaction, sans annoncer ouvertement l'intention de lui faire la guerre et de le renverser? Ce raisonnement produisit son effet sur ces esprits assez nombreux dans les assemblées, qui veulent avoir l'air plus sages et plus politiques que leur parti, et qui refusent de pousser les choses à l'extrême : « *On ne serait pas compris du pays* si l'on renversait M. Thiers sur une pareille question, » c'était le grand mot qui servait presque toujours de prétexte aux défections. En vain deux orateurs de la droite, M. Ernoul et M. Lucien Brun firent voir avec la clarté de l'évidence qu'il ne pouvait s'agir dans ce débat de régler la constitution à venir de la France, mais seulement les rapports provisoires de l'Assemblée avec le pouvoir exécutif, en attendant que la constitution fût faite ; ils ne purent empêcher une trentaine de *voix frontières* de se détacher de la majorité à laquelle elles appartenaient d'ordinaire, et de voter, d'accord avec toutes les gauches, la rédaction du gouvernement, qui fut adoptée par 372 voix contre 335.

Assurément le gros du pays, peu initié aux mystères du parlement, ne dut pas comprendre aisément l'importance de la décision qui venait d'être prise. En vérité, l'Assemblée touchait aux questions constitutionnelles, et quand on met le doigt sur un engrenage aussi dangereux, tout le corps est bien vite entraîné. M. Thiers avait dit le 13 novembre : « Ne perdons pas notre temps à proclamer la République, mais employons-le à lui donner ses caractères désirables et nécessaires. » On avait voulu protester contre le Message, et que faisait-on ? Précisément ce qu'il demandait. On décidait qu'une commission de trente membres allait être nommée pour régler les attributions des pouvoirs publics, c'est-à-dire pour donner à la République les organes qui lui permettraient de vivre, même après la disparition de l'Assemblée. De ce vote naquit, le 5 décembre, la célèbre *Commission des Trente*.

Cependant, comme on était destiné, dans cette incertaine Assemblée, à marcher de surprise en surprise, le vote des bureaux pour l'élection des commissaires donna un résultat directement contraire à celui de la séance publique. Vingt commissaires sur trente[1] furent choisis, par 360 votants contre 330, parmi ceux qui s'étaient prononcés avec le plus de netteté pour limiter le mandat de la commission au règlement de la responsabilité ministérielle. C'était le cas, pour la majorité. de poursuivre à fond ses avantages, de faire son œuvre en huit jours, et de rapporter un projet qui obligeât M. Thiers à gouverner en chef d'Etat constitutionnel ; car, en politique comme à la guerre, il faut savoir user de la victoire, et ne pas se contenter, après avoir combattu, du stérile plaisir de coucher sur le champ de bataille, en laissant à l'adversaire le temps de reformer ses rangs et de réparer ses forces.

La Commission des Trente usa d'un procédé tout différent et délibéra pendant trois mois avant de formuler ses conclusions. Elle répéta en petit, pendant le court espace de son existence, les phases par lesquelles l'Assemblée tout entière venait de passer pendant deux ans. Comme l'Assemblée à ses débuts, elle avait une majorité monarchique composée des deux tiers de ses membres. Comme elle,

---

[1] La Commission fut composée, pour la droite et le centre droit, de MM. le baron de Larcy, président, le duc d'Audiffret-Pasquier, vice-président, le vicomte d'Haussonville et Amédée Lefèvre-Pontalis, secrétaires; Lucien Brun, Ernoul, Théry, de Labassetière, le duc de Broglie, le duc Decazes, Batbie, Sacaze, le vicomte de Cumont, Fournier, de la Germonière, de Lacombe, Grivart, Deseilligny, Baze, l'Ebraly; — pour les diverses fractions de la gauche, de MM. Arago, Bertauld, Delacour, Marcel Barthe, Ricard, Albert Grévy, Max Richard, Martel, Duclerc et Bérenger.

elle fut pleine de confiance et d'ardeur en entrant en campagne, et ne sut pas saisir le moment de frapper le coup décisif. Elle se laissa pénétrer par la dissolvante influence de M. Thiers, séduire par la tentation de se montrer modérée, conciliante, de substituer les expédients aux principes. Alors les alliances se déplacèrent; ceux qui étaient partis en se tenant la main se séparèrent; une nouvelle union se forma entre le centre droit et la gauche; on se perdit dans un dédale de petites dispositions d'un intérêt médiocre et éphémère, en promettant toujours de tenir ferme sur la question fondamentale ; et finalement, après avoir résisté pendant dix semaines, on céda tout-à-coup à la onzième, tout en se flattant de n'en rien faire, et l'on ratifia, sans paraître s'en douter, cette politique du Message contre laquelle on était si résolûment parti en guerre.

Ce serait une curieuse histoire à faire, si l'on ne craignait de tomber dans une monotonie fatigante pour le lecteur, que celle des tâtonnements et des variations de cette malheureuse Commission. Sans nous astreindre à la suivre jour par jour, essayons du moins de distinguer dans son œuvre ce qui se rapportait aux pouvoirs de M. Thiers, et ce qui pouvait engager la constitution future de la France.

La Commission commença, sur la proposition du duc Decazes, et malgré l'opposition ardente du gouvernement, par interpréter sa mission en ce sens qu'elle était chargée de préparer un réglement *des pouvoirs publics actuellement existants*, un *modus vivendi* entre l'Assemblée et M. Thiers, ajournant tous les problèmes de l'avenir à une époque ultérieure et indéterminée. Ce *modus vivendi* ramenait toujours au premier rang la question de la responsabilité ministérielle qui, sans être exempte d'embarras, n'était pas insoluble, pourvu que l'on sût à quel but on voulait tendre, et qu'on n'en déviât point. A dire vrai, on n'avait à choisir qu'entre deux solutions : ou traiter M. Thiers comme le chef irresponsable d'un gouvernement parlementaire, le mettre en dehors et au-dessus des discussions, ne plus lui permettre l'accès de la tribune, et laisser les ministres répondre seuls de leur politique en face d'une assemblée maîtresse de leur sort; ou bien rétrograder au-delà de la constitution Rivet, considérer M. Thiers comme le président du Conseil des ministres, discutant comme eux, responsable comme eux, pouvant être renversé comme eux. Entre ces deux termes, on n'en pouvait guère concevoir d'intermédiaire. Jamais le proverbe : *Il faut qu'une porte soit ouverte ou fermée* n'a pu être appliqué plus exactement à une situation politique.

La majorité de la Commission désirait assurément fermer la porte des séances à M. Thiers. Mais il eut l'art de se la faire entrebâiller tout d'abord, puis bientôt ouvrir toute grande, en subissant seulement la condition d'en franchir le seuil suivant certaines cérémonies et formalités. Avant tout, la Commission posa en principe que le président ne pourrait communiquer avec l'Assemblée que par des messages. Tout en paraissant accepter la règle, M. Thiers représenta que sa présence était indispensable pour la discussion de certaines lois de finances, de la loi sur l'organisation de l'armée, où son expérience et ses études pouvaient jeter des lumières décisives. On résolut de l'autoriser à se faire entendre *dans la discussion des lois*. Mais on se promit bien de borner l'exception à ce seul cas, et de ne pas l'étendre aux interpellations, qui impliquent le contrôle de la politique journalière. On écrivit donc sans difficulté dans la loi ce second principe : « Les interpellations ne peuvent être adressées qu'aux ministres, et non au président de la République » M. Thiers ne fit n'abord qu'une légère réserve, à propos des questions de politique étrangère. On jugea la concession sans danger, et on y consentit. Bientôt il s'enhardit, et demanda qu'en l'entendît, quand il le croirait opportun, sur toutes les questions se rattachant à la politique générale du gouvernement. Cette prétention était d'une extrême gravité, car elle limitait la responsabilité des ministres aux faits secondaires, qui sont presque toujours des faits personnels à l'un d'eux, et n'engagent point le cabinet tout entier. Malgré tout, une partie de la Commission finit par céder, et le vote fut enlevé[1]. Un dernier retranchement restait à défendre : qui serait juge du caractère *général* ou *secondaire* d'une interpellation ? Serait-ce l'Assemblée, serait-ce le pouvoir exécutif? M. Lucien Brun soutint avec une grande hauteur de vues[2] que l'Assemblée seule devait trancher cette question préjudicielle, et accorder ou refuser au président, dans chaque débat, l'autorisation de prendre la parole. Ce point fut encore abandonné par la majorité, et l'on décida que le Conseil des ministres, c'est-à-dire sous une autre forme le président lui-même, serait maître de déclarer si la question soulevée engageait la responsabilité présidentielle. Ainsi, après être parti de ce principe, que le président ne pourrait communiquer avec l'Assemblée que par des messages, on avait fini, à force d'exceptions et de distinctions subtiles, par dire que dans toutes les discussions de lois, de pétitions, d'interpellations, il serait entendu personnellement quand il en exprimerait la volonté soit par lui-même, soit par une délibération de ses ministres. A tout prendre on n'avait rien fait.

[1] Par 17 voix contre 9, et 4 abstentions (séance de la Commission du 8 février 1873).

[2] Séances de la Commission des 7 et 8 février. Séances de l'Assemblée des 7 et 8 mars 1873.

Nous nous trompons; au début, sous prétexte de compensation
pour les droits que l'on comptait retirer à M. Thiers et qu'on ne lui
retira point, on lui avait accordé une sorte de *veto*, la faculté très-
importante de suspendre pendant un certain temps la promulgation
des lois, et de provoquer une nouvelle délibération quand il le jugerait
nécessaire. Cette concession une fois faite, on la maintint. Ainsi, un
accroissement de pouvoir pour lui, telle était la fin dernière de trois
mois de luttes et de négociations destinées à limiter ses pouvoirs.

Restait, il est vrai, le cérémonial, auquel des esprits distingués
attachaient, nous nous plaisons à le reconnaître, une importance
singulière. Lorsque M. Thiers voudrait prendre la parole, il serait
obligé, la veille, d'informer l'Assemblée de son intention par un
message. La séance serait aussitôt suspendue. Il ne pourrait être
entendu que le lendemain, à moins d'un vote spécial. Il pronon-
cerait son discours et disparaîtrait à l'instant. La séance serait
levée, et la discussion ne serait reprise qu'à une séance ultérieure.
La délibération aurait lieu hors la présence du président de la République. — Ce furent ces dispositions que M. Thiers persifla si finement
dans une séance de la Commission [1], en les comparant « aux poli-
tesses que se font les Chinois qui s'accompagnent et se réaccompa-
gnent de l'intérieur de la maison à la porte, et réciproquement, »
d'où le nom de *chinoiseries* leur est demeuré attaché dans la langue
parlementaire. Il avait raison en soutenant que ces précautions étaient
mesquines et plus fâcheuses pour l'Assemblée que pour lui-même;
que, s'il avait le droit de parler, on ne pouvait lui interdire d'entendre la réponse et de répliquer au besoin. Mais on espérait, en
mettant tant de barrières entre lui et la salle des séances, l'écarter
habituellement de la tribune, et rendre à l'Assemblée par une voie
indirecte l'indépendance qu'on n'osait revendiquer ouvertement
pour elle. Nous avons entendu plus tard les inventeurs de cet ingé-
nieux système se déclarer parfaitement satisfaits de leur œuvre, et
soutenir que, sans toutes ces combinaisons, M. Thiers n'aurait jamais
été vaincu le 24 mai. Nous n'avons garde de les contredire; mais,
en ce cas, on doit convenir qu'ils avaient manqué leur but. Depuis
deux ans, on cherchait, dans la responsabilité ministérielle, un
moyen de frapper les ministres sans atteindre le président; au premier usage qu'on fit de la loi nouvelle, ce fut le président qu'on
renversa.

Quoique ces innovations ne portassent pas une sérieuse atteinte
aux pouvoirs de M. Thiers, elles le contrariaient du moins dans son
goût le plus vif, le goût de la discussion quotidienne et de la vie par-

---

[1] Séance de la Commission du 3 février 1873.

lementaire, et il ne les avait point laissé passer sans une vive résistance. Soit par mécontentement réel, soit par une de ces colères feintes dont il avait appris le secret en écrivant l'histoire de Napoléon, il s'était un jour emporté dans la Commission jusqu'à s'écrier : « Si vous voulez me condamner à rester silencieux dans la préfecture de Versailles pendant que se décideront les destinées du pays, si vous me contestez le droit de me faire entendre, si vous voulez me clore la bouche et faire de moi un mannequin, non ! non ! jamais je n'y consentirai ; car en y consentant, je croirais me déshonorer. Oh ! si j'étais de ces nobles races qui ont tant fait pour le pays, je pourrais m'incliner et accepter ce rôle de roi constitutionnel. Mais moi, un petit bourgeois, qui, à force d'études et de travail, suis arrivé à être ce que je suis, je ne saurais, je le répète, accepter la situation que vous me proposez sans humiliation, sans une véritable honte. Non ! non ! je reviendrai devant l'Assemblée ; elle m'écoutera, elle me croira, elle me donnera raison, et le pays aussi[1] ! »

Un jour vint cependant où cette grande colère tomba, où les dispositions proposées par la Commission obtinrent non seulement l'agrément du gouvernement, mais furent appuyées à la tribune par M. Dufaure et par M. Thiers lui-même, et furent votées grâce à leur énergique concours. Quel est le mot de cette énigme, et comment s'opéra cette brusque révolution ? Il n'est pas très-difficile de l'expliquer.

Au fond, M. Thiers, qui avait l'esprit fort pratique, prenait son parti de se voir confiné, comme il le disait malicieusement, dans les profondeurs du *Palais de la Pénitence*[2], bien persuadé qu'il trouverait le moyen de passer à travers les toiles d'araignée dont on l'enveloppait, et qu'après tout ce régime ne serait pas éternel. L'important pour lui, c'était de survivre à l'Assemblée, et d'obtenir qu'elle testât en sa faveur ; après quoi il saurait bien faire comme les héritiers trop pressés, l'obliger à disparaître de la scène du monde. Ses emportements contre la Commission des Trente n'avaient d'autre objet que de se faire accorder de nouvelles concessions sur ce point, le seul auquel il tînt réellement.

C'était aussi sur ce point que la résistance de la Commission semblait le plus intraitable et invincible. Elle avait été nommée en protestation contre le Message ; et, tout en donnant à M. Thiers toutes les satisfactions personnelles que pouvait lui suggérer l'amour de la paix publique, elle était absolument résolue à ne point faire un pas en avant dans le sens d'un établissement républicain, et à ne pas

---

[1] Séance de la Commission du 3 février 1873.

[2] Discours du 4 mars 1873.

engager l'avenir. Chaque matin, avant la séance de la Commission, les vingt membres de la majorité se réunissaient à part ; nous n'avons manqué à aucune de ces conférences, et nous pouvons affirmer que, depuis le 5 décembre jusqu'au 15 février, pas le plus léger dissentiment ne se manifesta sur ce sujet capital. Le centre droit s'y montrait aussi ferme que la droite, et rien ne pouvait faire prévoir une défaillance. Ce n'était pas cependant que les insinuations et les tentatives de M. Thiers se fussent ralenties. Dès son premier entretien avec la commission, le 15 décembre, il s'était appliqué avec une souplesse merveilleuse, à séduire les conservateurs en traitant de la création d'une chambre haute, et à les entrainer vers ses projets constitutionnels par ce chemin qui était de nature à leur plaire. Puis il avait ajouté : « Je comprends qu'on s'occupe d'abord des pouvoirs existants ; mais si l'on veut être fidèle au texte de la loi, on doit s'occuper de l'ensemble des choses. L'ensemble des choses, c'est le gouvernement de la république conservatrice. Notre devoir, c'est non pas de proclamer, mais d'organiser. Je ne prétends pas qu'il faille faire une constitution en cent ou deux cents articles. Avec la diversité et la fécondité infinies des esprits, nous devrions passer ici bien des années si nous voulions faire une telle constitution. Mais il ne faut pas un immense effort *pour faire quelques articles qui sont dans tous les esprits..... »*

Dans tous ses pourparlers avec les délégués de la commission, il revenait sans cesse sur cette idée que l'opinion publique s'inquiétait, en attribuant à l'Assemblée l'intention absurde de se séparer sans laisser d'institutions après elle. Il parlait volontiers de la seconde Chambre, de la loi électorale ; il osait à peine aborder le sujet qui lui était personnel. Enfin, le 14 janvier, à la fin d'un discours de plusieurs heures où il avait parlé de toutes choses, il lança avec un air d'indifférence cette sorte de *post-scriptum* où se révélait toute sa pensée : « Ceci me rappelle un point important. Il ne faut pas qu'il y ait solution de continuité dans le pouvoir exécutif et dans le gouvernement. Ainsi, si le chef du pouvoir exécutif s'en va le même jour que la Chambre, il y aura solution de continuité. *Il faut donc que vous décidiez que le chef du pouvoir exécutif conservera son pouvoir six semaines après vous,* ou bien que vous fassiez nommer ou que vous nommiez vous-mêmes un nouveau président six semaines avant de vous retirer..... Vous pouvez le faire plus tard comme vous pouvez le faire dès aujourd'hui. *Peut-être y aurait-il quelque avantage à le faire dès aujourd'hui.* » C'était la reproduction à peu près textuelle de l'article qui avait échoué lors de la proposition Rivet, et qui avait toujours été la pensée dominante de M. Thiers : « Si l'Assemblée venait à se dissoudre, les pouvoirs de M. Thiers dureraient le temps nécessaire pour la constitution d'une Assemblée nouvelle... »

Pour ne pas se montrer trop intransigeante, la Commission consentait bien à déclarer dans son projet, tout en réservant dans son intégrité le pouvoir constituant de l'Assemblée, qu'elle préparerait une loi sur l'élection des députés, et une loi sur l'organisation et les attributions d'une deuxième Chambre, dont la création lui paraissait au moins aussi souhaitable pour une monarchie que pour une république. Mais elle ne voulait pas s'engager sur *la transmission du pouvoir exécutif*; car cette formule, qui lui était proposée, ne pouvait guère s'entendre que de la succession d'un président à un autre président, et paraissait impliquer l'organisation d'un régime républicain. Aussi rejeta-t-elle le 28 janvier, par une majorité de dix-huit voix contre 7, un amendement de M. Max Richard conçu en ces termes ; et malgré de véritables assauts qui lui furent livrés dans deux séances successives par M. Dufaure et par M. Thiers, elle repoussa, le 8 février, par une majorité plus forte encore, la rédaction proposée par le gouvernement lui-même. Dans la même séance elle arrêtait son texte définitif, et nommait M. le duc de Broglie rapporteur.

Huit jours plus tard, le 15 février, M. le duc de Broglie communiqua en particulier aux vingt membres de la majorité, le remarquable développement qu'il avait su donner, avec autant de courtoisie que de fermeté, aux décisions de la Commission. Son rapport, unanimement approuvé par les membres de la droite comme par ceux du centre droit, fut porté, le surlendemain, à la connaissance de la Commission tout entière. Les dés étaient jetés ; il semblait que toutes les résolutions fussent irrévocables et la guerre déclarée, quand tout à coup, le 19 au matin, on apprit que M. le duc d'Audiffret-Pasquier, jusqu'alors l'un des plus ardents à la résistance, avait fait sa paix avec MM. Thiers et Dufaure, et reprenait, d'accord avec eux, le texte de l'amendement Max Richard, repoussé quelques jours auparavant.

Que s'était-il passé entre le 15 et le 19 février, pour motiver un si brusque revirement ? Quels ressorts avait fait jouer M. Thiers dans sa conférence avec l'un des membres de la Commission ? Comment avait-il pu souffler tout à coup sur les projets de ses adversaires et les faire évanouir ? Comment un projet de démarche princière, qui pouvait préparer les voies à la restauration de la monarchie, fut-il abandonné à ce moment précis, et ajourné à une époque ultérieure ? Nous ne croyons pas que l'heure soit venue de lever le voile qui couvre ce mystère. Il faut laisser aux curieux, qui liront plus tard les mémoires intimes de notre temps, le soin d'y découvrir des secrets que la plupart de nos contemporains auront eux-mêmes ignorés [1].

On peut deviner l'étonnement des membres de la Commission, restés fidèles à la pensée première, en apprenant le mouvement subit dont M. Pasquier venait de donner le signal. Où voulait-on en venir? A quoi bon avoir résisté pendant près de trois mois à toutes les sollicitations de M. Thiers, avoir entretenu, par ce conflit prolongé, l'impatience de l'Assemblée, l'inquiétude du pays, si l'on devait tout céder à la fin? Il n'y avait pas lieu d'en douter : ce qu'on entendait par ces mots étranges et nouveaux dans la langue politique : *transmission du pouvoir exécutif*, c'était bien l'exécution du message, l'organisation de la République, dont on n'osait pas prononcer le nom, mais que, par un pudique euphémisme, on appelait *le fait existant*. En vain on soutenait qu'on ne renonçait nullement au droit, réservé par le préambule de la loi, de faire plus tard une constitution complète et définitive. M. Amédée Lefèvre-Pontalis demanda que, s'il en était ainsi, on tînt au moins la balance égale entre la monarchie et la République, en adoptant cette simple formule : « L'Assemble nationale ne se séparera point avant d'avoir statué sur les institutions de la France. » Il lui fut répondu que l'Assemblée ne devait pas s'engager à faire une Constitution ; que, suivant les circonstances, elle pourrait se borner à prolonger la *trève des partis*, à organiser, même après elle, un état de choses provisoire. Son amendement ne réunit que 7 voix contre 22, les voix des six membres de la droite et celle de M. le duc Decazes qui ne les avait pas abandonnés un seul jour dans toute cette campagne. Pour mieux marquer le caractère de la concession que l'on faisait à M. Thiers, on adopta un paragraphe additionnel de M. Ricard, chargeant « le gouvernement de proposer des projets de lois sur les points ci-dessus indiqués. » Le texte de la loi fut ainsi adopté, et le rapport de M. le duc de Broglie modifié en conséquence. M. Thiers avait victoire complète. Non-seulement on lui accordait ces lois d'organisation des pouvoirs publics qu'il avait demandées, mais on lui laissait à lui-même le soin et l'avantage d'en préparer la rédaction.

Lorsque la loi vint en discussion devant l'Assemblée, M. Thiers ne dissimula ni son triomphe, ni l'union intime qui s'était établie entre lui et la nouvelle majorité de la Commission : « C'est surtout

---

[1] M. Jules Simon dit dans son livre, t. II, p. 362 : « Les grands chefs laissèrent crier trois ou quatre honnêtes gens qui n'étaient pas dans le secret; » nous lui en demandons pardon, mais nous croyons que lui-même n'est nullement dans le secret, et que les grands chefs auxquels il fait allusion étaient, à la date indiquée, fort rapprochés de M. Thiers.

le dernier article, dit-il, qui a décidé le concours très-sincère, très-zélé, je dirai unanime du gouvernement. Ce dernier article, en voici le sens :

« Il reconnaît non pas qu'il faut proclamer ici un gouvernement définitif, non ! mais il reconnaît qu'il y a quelques institutions nécessaires à donner à cette *République conservatrice*, pour qu'elle mérite son titre ; et, sans prétendre décider des destinées futures du pays, cet article propose l'indispensable, le nécessaire.

« Je demandais sous l'Empire les libertés nécessaires ; je demande aujourd'hui les institutions nécessaires, indispensables. Et, pour qu'aucun ombrage ne s'élevât dans les esprits, la Commission nous a dit, à nous-même qui avions fait le Message : Eh bien ! ces lois, préparez-les vous-même ; apportez-les à l'Assemblée.

« C'est ce que nous ferons, si votre vote couronne nos efforts, *ceux de la Commission et les nôtres* [1]. »

De son côté, M. Dufaure, interprétant les conditions de la nouvelle alliance, fit clairement entendre qu'elle s'était conclue sur cette donnée : renoncer à faire usage du pouvoir constituant, le léguer aux Chambres futures en se lavant les mains du choix qu'elles feraient entre la monarchie et la République, se borner à organiser ces Chambres avec un pouvoir exécutif pour la période de transition. Ce passage de son discours est trop important pour que nous ne le relevions pas ici : « Eh bien ! Messieurs, si le moment peut-être entrevu où vous serez appelés à prononcer votre dissolution, je vous demande si ce sera le moment de vous prononcer entre ces deux formes de gouvernement profondément hostiles l'une à l'autre, la monarchie et la République... Voulez-vous évitez l'anarchie possible qui suivrait votre séparation si vous n'avez pas à l'avance réglé la transmission des pouvoirs ? Voulez-vous, après vous, *si vous n'avez rien constitué*, laisser au pouvoir qui vous succédera la liberté, à laquelle vous tenez, de déclarer, quand les circonstances le permettront, quelle est la forme définitive de la constitution du pays ? Si vous le voulez, adoptez les résolutions de la Commission : loin de nuire à cette liberté, elles la consacrent et la fortifient [2]. »

C'est cette pensée que M. Bertauld résumait en ces termes clairs et spirituels : « M. le garde des sceaux nous dit que, si nous ne faisons pas une constitution, nous ferons des constituants. Ce seront nos successeurs qui constitueront pour nous. Ils seront, sous ce rapport, nos légataires à titre universel [3]. »

Si le lecteur n'a pas perdu de vue ce que nous avons raconté au

---

[1] Discours du 4 mars 1873.
[2] Discours du 1er mars.
[3] Discours du 3 mars.

commencement de cette étude, des intentions à demi divulguées par M. Thiers à Bordeaux : « Nous rendrons le pays à lui-même, et il verra comment il veut vivre..... Vous vous êtes dit : Nous ne serons pas constituants..... Vous vous êtes dit qu'au lieu de constituer, vous vous borneriez à réorganiser... », il sera convaincu avec nous, que du premier jour au dernier, M. Thiers était resté fidèle à son plan, et qu'à force d'adresse, de discrétion et de persévérance, il arrivait à ses fins avec le concours d'alliés sur lesquels il n'aurait jamais dû compter.

Devant une telle interprétation, d'ailleurs fort logique, du dernier article de la loi, la droite avait le devoir de relever dans l'Assemblée l'amendement déjà soutenu en son nom dans la Commission. Avec deux formules légèrement différentes, M. de Belcastel et M. Amédée Lefèvre-Pontalis adjurèrent l'Assemblée, au nom de tous les intérêts de la France, de sa tranquillité, dé sa liberté, de sa grandeur, de ne pas prolonger indéfiniment l'état provisoire, de savoir faire virilement son choix entre la République et la monarchie, et de constituer l'un ou l'autre de ces régimes, de façon à calmer les inquiétudes du pays, et à ne pas livrer une si grande question aux hasards des élections futures. « J'ai été franc, s'écria l'un d'eux, en vous indiquant mes préférences. Et maintenant, avec la même franchise, je vous déclare devant mon pays que je préfère encore cent fois la République constituée, organisée, proclamée, à ce je ne sais quoi qui n'a de nom dans aucune langue, que nous avons accepté à Bordeaux par patriotisme et par nécessité, parce qu'il nous était impossible de discuter des institutions avant d'avoir fait la paix ; que vous avez empiré par la constitution du 31 août, que vous n'améliorerez pas par la constitution que vous êtes en train de faire, et que la Commission vous propose de léguer aux générations qui vous suivront comme le monument suprême de votre sagesse et de votre prévoyance [1]. »

Malgré ce raisonnement, que nous persistons à croire juste, la droite seule vota l'amendement, qui réunit 459 voix contre 478 ; et la coalition qui venait de se former entre le gouvernement et la nouvelle majorité de la Commission fit passer l'ensemble de la loi, le 13 mars, par 407 voix contre 225. Jamais M. Thiers n'aurait pu rêver une aussi éclatante consécration pour son Message.

Toutefois il ne jouit pas longtemps de son triomphe. Trois semaines après avoir voté la loi du 13 mars, l'Assemblée entrait en vacances. Au retour, le gouvernement déposa sur la tribune ces fameux projets de lois constitutionnelles, qu'on lui avait donné mission de préparer,

---

[1] Discours du 10 mars.

et qui ne devaient jamais voir le grand jour de la discussion. D'autres causes, relatives à la direction de la politique générale bien plutôt qu'à la forme du gouvernement firent éclater au même moment la crise qui se dénoua par le vote du 24 mai. Ne dut-on pas regretter alors d'avoir consacré un si long temps à faire une constitution pour un seul homme, dont le pouvoir était si fragile. Les trois mois de travail de la Commission des Trente, les quinze journées entières de discussions passionnées dont l'Assemblée avait retenti, les précautions minutieuses qu'on avait prises pour éviter qu'une interpellation aux ministres mît en jeu la personne du président, ces lois mêmes qu'une décision solennelle de l'Assemblée souveraine avait chargé M. Thiers de rédiger et qu'il avait naturellement transformées en organisation républicaine, tout cela s'évanouissait en une heure, et l'œuvre de Pénélope allait être à recommencer. Combien il eût été plus simple et plus franc, plus honorable pour l'Assemblée, plus profitable pour le pays, de condamner la politique de M. Thiers au lendemain même de son Message, et d'épargner à la France et à l'Europe le spectacle de tant de contradictions, de tergiversations et de débats stériles.

Quelque chose devait cependant se dégager de cette discussion, et par malheur y survivre. C'était l'idée, le germe d'une constitution provisoire, ce goût funeste de l'expédient substitué aux solutions raisonnées et durables, qui est entré à partir de ce jour dans le tempérament de l'Assemblée, et qui ne l'abandonnera plus. C'est la flèche du Parthe que M. Thiers lui a lancée avant de succomber, et qui restera attachée à son flanc. Assurément par la chute de cet homme si puissant pour le salut ou la perte du pays, l'Assemblée allait recouvrer sa liberté légale et théorique de constituer autre chose qu'une République ; et nous n'avons garde d'oublier ni les efforts honorables qui furent tentés quelques mois plus tard pour rétablir cette monarchie unie à laquelle M. Thiers avait barré la route, ni les obstacles qui vinrent en traverser le succès. Mais d'où vient que l'Assemblée n'ait pas eu la force de surmonter ces obstacles, qu'elle se soit arrêtée aux premières difficultés sans essayer de les tourner ou de les vaincre ? De cette idée pernicieuse que M. Thiers et M. Dufaure lui avaient suggérée : qu'on pouvait honorablement faire faillite au pouvoir constituant, en organisant une institution *qui ne mettrait la conscience de personne à la gêne*, qui serait bien la République mais qui n'en porterait pas le nom, qui laisserait aux Assemblées futures une porte ouverte vers un avenir inconnu, comme si les Assemblées futures pouvaient, dans la déroute causée par un tel échec, échapper à l'entraînement du parti radical. C'est de là que sont nés tous ces projets d'organiser le *Septennat*, de faire une constitution pour le maréchal de Mac-Mahon comme on en avait fait une pour M. Thiers, et en dernière analyse, la Constitution Wallon dont la France recueille aujourd'hui et peut savourer les fruits.

Il est donc vrai de dire que c'est M. Thiers qui a empêché l'Assemblée de constituer la monarchie dans la période où elle possédait une majorité assez compacte pour le faire, soit en créant dans le sein de cette majorité les divisions qu'il lui reprochait ensuite, soit en l'entraînant par ruse vers la République dont il lui cachait les périls, soit en jetant dans la balance son autorité, la nécessité même de sa présence au pouvoir, pour l'arrêter quand elle se portait vers une solution différente. En rendant la monarchie impossible, a-t-il du moins fondé cette République conservatrice qu'il rêvait, qu'il avait annoncée dans son Message du 13 novembre par cette prophétie célèbre : « La République sera conservatrice, ou elle ne sera pas ? » La République existe ; est-elle conservatrice ? Le sera-t-elle demain ? A cette question nous sommes tenté de répondre par ce mot d'un de nos plus spirituels et judicieux publicistes : « la République conservatrice est une bêtise. » Mot beaucoup plus sérieux et plus profond qu'il ne le paraît sous sa forme de plaisante boutade. Non pas que nous commettions l'exagération de prétendre qu'en République aucun gouvernement ne puisse être conservateur. Non ! la République peut être accidentellement, pendant un temps plus ou moins long, aux mains des conservateurs ; mais par elle-même elle ne conserve rien, car elle est, suivant la juste expression de M. Naquet, le provisoire perpétuel. Elle ne garantit pas plus, dans l'ordre politique, les principes, les intérêts, les traditions sur lesquelles une société repose, que dans l'ordre des affaires privées la loterie ne garantit les fortunes. La loterie a ses chances heureuses, comme la République peut avoir ses instants de prospérité ou même de gloire. Mais malheur à un peuple qui abandonne ses destinées à ce jeu de hasard ; il finira par y trouver la ruine !

A défaut d'une institution rassurante, le gouvernement de M. Thiers a-t-il favorisé l'avénement au pouvoir des hommes qui peuvent faire prévaloir, sous la République, une politique conservatrice ? A-t-il au contraire préparé et rendu presque inévitable leur échec devant le corps électoral ? C'est ce que nous nous proposons d'examiner dans la seconde partie de cette étude.

PARIS. — E. DE SOYE ET FILS, IMPR., 5, PL. DU PANTHÉON.